Mutwillig

Mutwillig
Von Leicht-, Froh- und Unsinn

Gedichte

Marianne Hartwig

Bibliografische Information Der Deutschen Bibliothek:
Die Deutsche Bibliothek verzeichnet diese Publikation in der
Deutschen Nationalbibliographie; detaillierte bibliografische
Daten sind im Internet über <http://dnb.ddb.de> abrufbar.

Copyright © 2016 Marianne Hartwig
Layout und Gestaltung: Chris von Gagern (www.art-transfer.net)
Umschlag: Gemälde von Gerlinde Mader, *Der Sprung*,
Acryl auf Leinwand, 40 x 60 cm
Herstellung und Verlag: Books on Demand GmbH, Norderstedt
ISBN: 978-3-7412-6198-5

Das Werk einschließlich aller seiner Teile ist urheberrechtlich geschützt. Jede Verwertung außerhalb der engen Grenzen des Urheberrechtsgesetzes ist ohne Zustimmung des Autors unzulässig und strafbar. Das gilt insbesondere für Vervielfältigungen, Übersetzungen, Mikroverfilmungen und die Einspeicherung und Verarbeitung in elektronischen Systemen.

Kleine Haarspalterei
Ich bin von Natur inkonsequent
Und ohne Prinzipienreiter-Talent
Schließt das in letzter Konsequenz nicht ein
Die Möglichkeit, auch konsequent zu sein

                                              Mascha Kaleko

Inhalt

Vorwort 9

Mutwillig
Von Leicht-, Froh- und Unsinn 11

Immer wieder Daheim 133

Insel-Limmericks 181

Graf Koks 191

Alphabetisches Verzeichnis der Titel 203

Zur Autorin 210

Vorwort

Chris von Gagern

Mutwillig ist Marianne Hartwigs siebte Sammlung von Gedichten, die wieder im Zeitraum eines Jahres entstanden. Die Sammlung ist diesmal thematisch unterteilt in vier Kapitel. In den beiden ersten geht es um das Hin-und her zwischen 2 Welten, ihrer Wahlheimat auf Ibiza und dem Bauernhaus ihrer Eltern im Hunsrück. Marianne Hartwig konzentriert sich bei ihren Beobachtungen zunächst und überwiegend auf ihre Wahlheimat. Täglich mit offenen Augen durch Ibiza gehen, Ereignisse und Situationen aufnehmen und in Worte umsetzen – so entstehen mit hohem sprachlichen Feingefühl ihre erzählenden Gedichte. Mit Vorliebe befasst sie sich dabei mit der inseltypischen Natur, besonders dem Meer und den Katzen, mit denen sie sich umgibt. Der Wechsel zwischen den Plätzen, die ihr beide Heimat sind, ist ihr ein Stimulus, den sie nicht missen möchte. Im dritten Kapitel ‚Insel-Limmericks' verdichtet sie ihre Beobachtungen auf wenige Zeilen. Im letzten Kapitel, Graf Koks, schreibt sie sich eine grenzwertige Erfahrung von der Seele.

Eine reichhaltige Sammlung täglicher Beobachtungen in poetischer Form.

Ibiza, Juli 2016

Von Leicht-, Froh- und Unsinn

Unsinn im Sinn

Ach wie sind Menschen konsequent
Haben Prinzipien
Wie beneidenswert – ein Talent
Oder doch nur Eigensinn

Mit der Zeit wandeln sich die Richtlinien
Was bleibt ist der eigene Sinn
Das Leben ist eine Verführerin
Mit nichts als Unsinn im Sinn.

Von Leicht-, Froh- und Unsinn

Auf der Felsenklippe zu stehen

Wenn Stimmungen wie Gezeiten
Naturgesetzen folgen
Dann heißt es beizeiten
Vertrauen zu finden und mit den Wolken

zu ziehen – zu vergehen
Wenn beängstigende Gewitter entstehen
Den Naturgewalten zuzusehen
Ist fast so verlockend wie auf der Felsenklippe zu stehen.

Dass er spinnt

Auch Unsinn hat seinen Sinn
Speziell wenn er als Doppelsinn
Auf gute Unterhaltung sinnt
Denn wer gewinnt ist nicht verstimmt
Auch wenn man ihm nachweist, dass er spinnt.

Von Leicht-, Froh- und Unsinn

Hoffnungsschimmer

Heute ist sie ziemlich in Eile
Die Hoffnung, sie verweilt nur eine Weile

Dann trägt sie ihren Schimmer fort
Um am nächsten Ort

Auch wieder nur kurz zu verweilen
Ihren Beistand zu verteilen

Sie weiß, sie ist ein Prinzip
Keiner nimmt ohne sie mit dem Leben Vorlieb.

Ein Glücks-Fall

Der Zu-Fall wird oft zum Ein-Fall
Der Rest ist ein Glücks-Fall

Zu-, Ein- und Glücksfall bilden eine Dreieinigkeit
Die haben Menschen sich schon immer für ihre Religionen
    ausgedacht

Und das gleich für die Ewigkeit
Ich bin schon einen Tag lang zufrieden mit ihrer Macht

Solange kein Un-Fall die Drei-Faltigkeit stört
Hat der Tag alles was zu einem Glücks-Tag gehört.

Von Leicht-, Froh- und Unsinn

Weise

Wer möchte nicht zur Stelle sein
Wenn er zufällig zufällt – der Zufall
Am besten man erwartet ihn allein
Denn als Glücksfall

Trifft er oft nur einen
Ist ganz und gar nicht überall
Und wenn die Überklugen meinen
Nichts als Zufall

Der fiele ja aus heiterem Himmel herab
Dann sagt der Zufall leise:
Ich halte dich nur auf Trab bis zum Grab
Wenn du das erkannt hast, bist du weise.

Improvisieren

Wie lästig ist doch das Korrigieren
Seitdem mein Arbeitsplatz auf dem Dreschplatz ist
Ist es fast so schön wie Fabulieren
Wie? So ist auch das Ergebnis

Nun dann versuche ich es umgekehrt
Auf dem Dreschplatz reimen
Und am Schreibtisch eingesperrt
Meinen:

Das alles könne man doch viel besser formulieren
Bestimmt. Aber das schadet dem Unsinn und dem
    Improvisieren.

Schadenfroh

Wahrheit macht so gar kein Vergnügen
Und Lügen? Wie machen die froh!
Die Wahrheit ist heftig, ist deftig, ist roh
Leider ist sie manchmal auch schadenfroh.

Homöopathie

Wenn die Lust sich lustig zu machen
Nicht mehr lustig ist
Hilft in Ausnahmefällen auch Lachen
Doch wer lacht schon gern bei einer Galgenfrist

Eine Fristverlängerung stellte man mir in Aussicht
Doch mit den Fristen ist das wie mit der Selbstironie
Die lässt dich zwar nicht im Stich
Aber langfristig ist sie wie die Homöopathie:
Ob sie es war die geholfen hat, erfährst du nie.

Von Leicht-, Froh- und Unsinn

Glücksspiel

Ohne Glück kein Spiel
und umgekehrt
Das Leben ist ein Risiko wert
Zuviel
Glück und Risiko ist nicht zu empfehlen
Es sei denn man ist Masochist und liebt es sich zu quälen.

Wichtiger

Nicht nur ein Zeichen von Hilflosigkeit ist Geschrei
Es muss die Stimme übertönen
Die leise meint: ist das was da tönt nicht Schwindelei?
Lautstärke hilft vor allem denen

Die sich selbst anschreien müssten
Denn je lauter, je uneinsichtiger
Wer lässt da grüßen?
Egal, denkt der Schreihals – Geschrei ist jetzt wichtiger.

Von Leicht-, Froh- und Unsinn

Wie Salz im Meer

Achtsamkeit gehört zu den Zauberworten
Achtsam scheint derjenige zu sein, der an allen Orten

Mit sich selbst und seiner Umwelt im Reinen ist
So ein Lebens-Spezialist

Der seine Hilfsmittel hat denen er vertraut – voll und ganz
Die ihm Güte verleihen und Toleranz

Die unerschöpflich sind wie das Salz im Meer
So ein Achtsamer – ach wenn man doch so einer wär.

Die gute Matratz

Seitdem die Banken das Ersparte verbraten
Fühlen sich brave Sparer verraten

Ein pfiffiger Spanier stellt eine Matratze her
Ein Safe ist eingebaut, was will man mehr

Omas Strumpf hatte in der Matratze auch seinen Platz
Sie war immer schon in Liebes- und nun auch
    Geldnöten brauchbar – die gute Matratz.

Am Anfang

Am Anfang war das Wort
Erstaunlicherweise an einem Ort

Wo es zunächst unauffindbar war
Doch dann geschah

Das besagte Wunder
Das Wort fiel just in dem Moment kopfunter herunter

Als es glaubte, aufgefangen zu werden
So sind die Wort-Gefährten

Zur rechten Zeit am rechten Ort
Am Anfang war das Wort ein Zauberwort.

MARIANNE HARTWIG

Eine Anstrengung wert

Es schwamm einmal im weiten Meer
Ein Meeresunkundiger umher

Und fragte angst- und sorgenvoll
Wie soll

Ich nur zum Ziel gelangen
Wie hat das alles angefangen

Die vielen Klugen um mich herum
Die wissen doch genau warum

Sie diese Route nehmen
Nur ich, ich muss mich furchtbar schämen

Denn auch beim allerbesten Willen
Kann ich nicht sagen, wie im Stillen

Ozean ich gelandet bin
Vielleicht suche ich mir eine Begleiterin

Die mit mir das große Wasser durchquert
I-Ging sagt: Erhabenes Gelingen – das ist doch eine
    Anstrengung wert?

Von Leicht-, Froh- und Unsinn

Ein Mensch

Soweit gesund, gescheit und angesehen
Verbringt endlos viel Zeit damit, sich selbst zu verstehen

So dass er sich oft und laut beklagt
Niemand versteht ihn, niemand wagt

Zu sagen, dass der Gabentisch
Täglich gedeckt ist und zwar reichlich

Mit Brot und Früchten und viel mehr
Und dass er

Ein großes Glas guten Weins bereithält
Ein Wein, der jedem Weinkenner gefällt

Jedoch der Mensch klagt sorgenschwer:
Das halb volle Glas ist ja halb leer.

Die spinnt

Es gibt so viele erfreuliche Situationen
und solche, die es nicht sind
Da sagt man sich doch, es würde sich lohnen
Den nicht so erfreulichen Situationen

Keine Beachtung zu schenken
Und vergnügt zu denken
Es stimmt
Wenn es heißt: die spinnt.

Böser Stein

Man hat's nicht immer leicht mit sich
Bestimmte Eigenschaften machen
Dass immer wieder unausweichlich
Nur solche lachen

Die über sich selbst lachen können
Wer kann das schon in dieser Zeit
In der alle von Krise zu Krise rennen
Schuldige suchen und in Einigkeit

Sich gegenseitig am Lachen hindern
Schuld sind immer die anderen
Wie bei Kindern
Böser Stein wenn man stolpert – statt um ihn herum zu tapern.

Angewiesen

Wer längere Zeit im Ausland lebt
Findet das Klagen der Deutschen lästig
Wie sind sie doch arbeitswillig und immer bestrebt
Kundzutun mit Besserwisser-Blick

Seid wie wir streb- und arbeitsam
Macht weniger Siesta und mehr Devisen
Dann seid ihr nicht arm
Und nicht auf Almosen angewiesen.

Von Leicht-, Froh- und Unsinn

SPARgelzeit

Der SPARgel fragt sich unzufrieden
wo sind sie ach denn nur geblieben

Die guten alten SPARgelzeiten
In denen jeder schon beizeiten

Sich auf den SPARgel-Ertrag freute
Und heute?

Schauen unsere An-leger in die Röhre
Man sagt ihnen, es sei die EURO-Misere

In Wirklichkeit aber ist es die Gier
Einer raffgierigen Bande, die wie ein Vampir

Statt Blut alles auch SPARgel aussaugen
Und zu nichts anderem taugen

Dabei habe ich noch Glück – kommt mir gerade als Idee
Ich bin ja noch zu retten, denn mir fehlt ja das „D".

Die Last

Herr Jemand übt jetzt Selbstkritik
Dass man in dieser schnöden Welt
Nicht wahrnimmt, was ihn wirklich quält
Ist unverdient, ihm ist es wichtig

Zu zeigen wie ein reicher Mann
Verspätet aber eben doch
Ein paar Milliönchen beisteuern kann
Und immer noch

Millionenschwer
Die Last der vielen Euros trägt
Jedoch man ist ja wer
Und sagt sich gefasst und grambewegt:
„Ist der Ruf erst ruiniert
lebt sich's völlig ungeniert".[1]

---

[1] Wilhelm Busch

VON LEICHT-, FROH- UND UNSINN

Die Tafeln

Wen interressiert heute noch das 6. Gebot
Dass es das *sexste* ist – vielleicht
Dank Internet weiß der Findige gleich
Aha – Moses und sein Gott

Der hatte noch Tafeln
Die konkurrierten mit dem Goldenen Kalb
Die Konkurrenz ist mehr als 2000 Jahre alt
Und die Frage, die animiert zum Schwafeln:

Wer setzt sich durch? Das Kalb oder die Tafeln?

Der Galgen

Wer hängt da nur am Galgen?
Am Galgen? Den gibt es nicht mehr
Was es noch gibt sind Balken
Doch auch die sind aus Holzmangel sehr

Selten geworden und werden ersetzt
Durch Zement und was sonst so nicht brennt
Auf jeden Fall gibt es ab jetzt
Ein ziemlich großes Sortiment

An Pfeilern, das zum Aufhängen geeignet ist
Doch es kommt immer wieder vor
Dass eine Galgen-Art unverzichtbar ist – das ist
Die Galgen-Frist
Und der Galgen-Humor.

Von Leicht-, Froh- und Unsinn

Wie bisher

Mit Worten lässt sich trefflich spielen
Ein Spiel das vielen auch im Stillen

Als Broterwerb noch Freude macht
Denn gut gemacht

Lockt es gar viele Mitspieler
Als Profession jedoch prekär
Und daher gilt für Wortspieler:
Bleib Einzelspieler – wie bisher.

Mit den Jahren

Sich auf-regen bringt Segen
Das Auf entspringt eigenem Erfahrungs-Schatz
Und für Segen – nun ja kommt von oben – wie Regen
Gibt es keinen Ersatz

Trotzdem – auch bei Übermacht – wehr dich
Auch Mächte verändern sich
Statt gesegnet im Regen zu verharren
Führt Auf-Regung zu Kreativität – mit den Jahren.

Von Leicht-, Froh- und Unsinn

Malen und dichten

Eindrücke mit Hilfe von Farben wiederzugeben
Ist eindrucksvoller als sie in Worten zu verstecken
In Farben lässt sich Gesehenes erleben
In Worten Erlebtes eher erschrecken

Ein Farbenspiel in Worten
Ist reine Phantasie
Fängt man sie ein an ihren Wahrnehmungsorten
Entfliehen sie

Zurück bleibt das, was wir Kunst nennen
Und was Kunstliebhaber glauben zu kennen.

Vom Fliegen

Solange sie im Kopf herumschwirren
Könnte ihnen ein Höhenflug gelingen
Doch wenn sie sich aufs Papier verirren
Gleichen die Worte oft aufgespießten Schmetterlingen

Es sei denn, sie erobern sich einen höheren Lebensraum
Der Ort und Zeit überfliegt
Und als Lebenstraum
Sehnsuchts-Wünsche wiedergibt:
„...Und meine Seele spannte
    weit ihre Flügel aus
    flog durch die stillen Lande
    als flöge sie nach Haus..."[2]

---
[2] Eichendorf, Mondnacht

Von Leicht-, Froh- und Unsinn

Grenzüberwindend

Wir alle kennen sie, die Grenzen, an die wir stoßen
Mit ganz viel Einsicht registrieren wir:
Wir selbst haben sie errichtet vor den Stürmen, die uns umtosen
Hinter dieser Mauer beginnt unser Seelen-Revier

In dem wir unsere Mimosen züchten
Wir erfreuen uns an ihren leuchtenden Blüten
Ach wenn wir doch nur wüssten
Ob ihre unberührbaren Verzweigungen Schutz bieten

Vielleicht ist es möglich, dass ein Eindringling dann und wann
Grenzüberwindend sein kann?.

Kinderleicht

Nörgeln und Klagen
Fällt meistens nicht schwer
Loben – nicht Tadeln
Dagegen sehr

Auf Gequengel mit Lob zu reagieren
Macht nicht nur Spaß
Man muss es ausprobieren
Der Mäkler ist sprachlos, aber nicht nur das
Kinderleicht ist anschließend das Kommunizieren.

In der Früh

Nach einem zu Papier gebrachten Gedicht
Geglückt oder nicht

Macht der Alltag froh
Und so

Ist es wieder einmal gelungen
Das Kunststück, sich selbst zu erfreuen – notgedrungen

Außerdem kostet es weniger Müh
Als sich selbst zu erkennen – dazu noch in der Früh.

Leider

Krisengeplagt ist die Gegenwart
Das meistgebrauchte Wort scheint Krise zu sein
Der Alltag ist krisenerschüttert und hart
Dazu noch im ganzen Mai wenig Sonnenschein

Wer lacht macht sich verdächtig
Ja siehst du denn nicht
Das Ganze – die Finanzkrise, die Gewalt, den Krieg
Und kein Ende, kein Licht in Sicht

Heute verlasse ich einfach nicht mein Holzhaus
Weigere mich, Nachrichten zu hören
Mein Tages-Lieblings-Tier ist der Vogel Strauß
Und es kommt mir gar nicht in den Sinn das Wort
    Beschweren

Ich gönne mir einen krisenfreien Tag
Und erzähle es auch nicht weiter
Selbst dann nicht, wenn jemand sagt:
Meine fehlende Empathie mache nicht heiter

Die Gut-Menschen sind nun einmal krisengeplagt
Dafür fühlen sie sich gut, wenn auch nicht froh – leider.

Glücks-Spieler

Mein Traum ist der
Ach wär

Ich doch ein Glücksspieler
Und könnte spielen und nicht mehr

Ich würde mich auch sehr beeilen
Den Glücks-Spiel-Erlös mit meinen Freunden zu teilen.

Weitergeben

Das Gefühl Macht über sein Schicksal zu haben kommt
   manchmal vor
Es ist wie ein Sternenhimmel bei Nacht
Man sieht das Sternengefunkel und weiß, niemals verlor
Ihr Glanz die Macht die Menschen schicksalsgläubig macht

Diese Macht, sie ist eine Illusion
Doch sie strahlt wie Millionen Sterne
Wir sind einmalig solange wir leben
Und wissen doch schon

Nach uns kommen andere, die diese Illusionen weitergeben.

Von Leicht-, Froh- und Unsinn

Macht Freude

Sich zu freuen, weil jemand sich freute
Ist ein erfreulicher Tagesbeginn
An einem trüben Tag wie heute
Macht Freude Sinn

Einmal vor langer Zeit
Haben wir am Ende des Tages eine Liste gemacht
Selten zu zweit
Als Skeptiker hast du zunächst darüber gelacht

Links die erfreulichen Gefühle und Tageserlebnisse
Rechts die gegenteiligen
Bei dem Addieren der Ergebnisse
Reduzierte mein Gedächtnis ein wenig die langweiligen

So ein Selbstbetrug
Vergeht im Flug
Es sei denn ein Tagesbeginn wie heute
Macht Freude.

Rettungsringe

Worte sind wie Rettungsringe
Sie können helfen, man kann sie missbrauchen
Mit ihrer Hilfe fühlen wir uns oft unschlagbar
Wir können in ihnen untertauchen
In größter Not sind sie unbrauchbar

Und doch leuchten sie oft wie ein Stern
Wie Morgenstern:
„Worte sind wie Rettungsringe
die dem Leben dienen
Auf den tiefen Grund der Dinge
Kommst du schwer mit ihnen".[3]

---

[3] Christian Morgenstern

VON LEICHT-, FROH- UND UNSINN

Aus all den Labyrinthen

Der Weg als Ziel
Bedeutet schon viel

Gleichmut und wer hat den schon
Auf dem langen Weg der Konfrontation

Und dann noch der Ehrgeiz, neue Wege zu finden
Aus all den Labyrinthen.

Glücks-Magie

Vor Glück zu weinen
Bei Unglück zu lachen
Und manchmal alles in einem
Glück im Unglück – wie dankbar sie machen
die Glücks-Momente
Wie Sternschnuppen fallen sie
Gleichzeitig Anfang und Ende
Glücks-Magie.

Von Leicht-, Froh- und Unsinn

Verdrießlich

Zu beschließen, nicht mehr zu reimen
Hilft nicht
Ich wär so gerne prosaisch
Dann schriebe ich viele lange Sätze aber im Geheimen

Suche ich immer nach Reim-Endungen
Manchmal hilft es, wie in Kindertagen
Sich einfach nicht zu plagen
Und das zu tun, was gerade in den Sinn kommt und so entstehen die beruhigenden Wiederholungen

Zeitverschwendung tönt es aus der Prosa-Ecke
Du liest doch selbst dicke Romane, die reimen sich nun mal nicht
Und dann bekenne ich mich zu der Einsicht:
Ich reime aus purer Lust an der Reimerei – nicht zu irgendeinem Zwecke

Lust macht frei – für die Zeit der Lust-Dauer
Kann durchaus andere erfreuen
Ist im allgemeinen nicht zu bereuen
Ständig wiederholt heißt sie Sucht, eher eine Mauer

Noch gilt sie nicht als behandlungsbedürftig
Die Reimsucht, es sei denn der Reimende sucht
Anerkennung, dann hilft nur Flucht
Genannt Entwöhnung, und die macht verdrießlich.

In diesem Augenblick

Zu einfach
Nennt eine Kritikerin meine Reimgedichte
Recht hat sie, denn 1000fach
Variiert ist jede Geschichte

Bereits erlebt und beweint
Nur in diesem Moment
Ist sie einmalig – hat sich gereimt
Ist so impertinent

Dass sie fordert festgehalten zu werden
So als wäre sie absolut einzigartig
Individuell wie alles Lebendige auf Erden
Und es wert verdichtet zu werden – in diesem Augenblick.

Mehr zu wagen

Klagende ziehen mich in ihren Bann
Klagen an sich tut dem Kläger meist gut
Ich schaue mir die Klagenden an
Und frage mich: Klagen sie vor Wut?

Wut auf die anderen, denn die sind schuld
An der eigenen Misere
So fühlt man sich im großen Klagetumult
Gut aufgehoben, denn wie wäre

Das Leben doch fidel und heiter
Wenn die bösen Anderen so gut wären wie man selber
Und so geht das Klagen munter weiter
Auf den langen Wegen durch – auch – blühende Felder
    und Wälder

Bis der Kläger feststellt:
Könnte man statt klagen sich auch fragen:
Gäbe es unter dem weiten Himmelszelt
Auch Gründe weniger zu klagen und mehr zu wagen?

Schicksalsschlag

Auf allen Wegen begleitest du mich
Was würdest du mir raten – sag
Ich erwarte deinen Vorschlag
Und er findet sich

Wie früher entspricht er mehr einem Schlag als einem
    Ratschlag
Trotzdem meint jemand ich würde unsere gemeinsame
    Zeit idealisieren
Und wie! Ersetzt vollkommen das Lamentieren

Schicksals-Vorschlag statt Schicksals-Schlag.

Von Leicht-, Froh- und Unsinn

Auf dem Weg zur Aussöhnung

Wie Atemholen kann Stillstand sein
Nicht begehrenswert kurz vor dem Ziel
Und doch ist es wie ein Meilenstein
Auf dem letzten Abschnitt im großen Wettbewerb-Spiel

Feige wäre es, jetzt aufzugeben
Aus purer Mutlosigkeit
Und den Kümmernissen mit denen wir leben
In der Zeit – nicht mehr zu zweit

Allein verantwortlich
Ohne jede Schuldzuweisung
Nur das kleine ICH
Auf dem Weg zur großen Aussöhnung.

Im Reinen

Die Zeit die uns lähmt
Und manchmal beschämt

Ist notwendig um nachzudenken
Die Erwartungen einzuschränken

Solange uns kein Schicksalsschlag trifft, scheinen
Wir mit uns im Reinen

Zu sein und sind doch nur ein hilfloses Menschenkind
Wenn der Tod uns den wichtigsten Menschen nimmt.

Von Leicht-, Froh- und Unsinn

Die alte Kunde

Trauer und Schuldgefühle vermischen sich noch immer
Nur die frühen Morgenstunden verbreiten
Eine Spur von Erwartungs-Schimmer
Und manchmal prophezeit von weitem

Ein altes Verlangen
Neue Träume
Sie sind nicht verloren gegangen
Nur geflüchtet in versteckte Räume

Sie hervorzulocken gelingt nur der eigenen Kraft
Die es schafft, sich zu versöhnen
Mit der Schicksals-Macht
Jetzt – und sich nicht nach der Vergangenheit zurückzusehnen

Vielen Dank liebe Morgenstunde
Ich verbreite die alte Kunde.

Kennt ihn jemand

Ein goldener Ring umschließt die Erinnerung
Er ist wie ein Band
Eine Verbindung
Von Hand zu Hand

Eine sichtbare in der Gegenwart
Eine immer noch vorhandene – in jenem Land
Das unsichtbar seine Anziehung bewahrt
Und lockt: man nennt mich Himmel – doch kennt ihn
    jemand?

Von Leicht-, Froh- und Unsinn

Lieber als die Menschen

Rückzugs- und Schweige-Gunst
Ich gewähre sie mir
Sie ist so vortrefflich wie Redekunst
Vorausgesetzt es gibt viel Papier
Und Weniges zu wünschen

Dann sind mir die Bücher lieber als die Menschen.

Noch eine kleine Weile

Dem Erlebten, Illusorischen eine Form zu geben
Nichts anderes sind Bilder oder Gedichte
Gedanken, Wünsche weiterzugeben
Ist Teil einer unendlichen Geschichte

Sie in diesem Moment wiederzugeben
Um voller Verzweiflung aber Hoffnung in jeder Zeile
Zu vergeben und weiterzuleben
Noch eine kleine Weile.

Von Leicht-, Froh- und Unsinn

Vertrauensvoll zu sein

Der Sinn des Schreibens besteht darin
Es nicht sagen zu müssen
Gesprochen verlieren sie oft ihren Sinn
Die Worte, sie klingen wie Besserwissen

Und sind doch nur ein Ausdruck von Trauer
Über das „Fremdeln" wie du es nennst
Auch jahrzehntelange Vertrautheit ist nicht von Dauer
Selbst-Infragestellen heißt das Schreckgespenst

Es schließt immerhin Fragen ein
Und nichts hilft mehr auf der Suche nach dem Sinn
    und der Kunst vertrauensvoll zu sein.

Zu bestrafen

„Nichts ist einfacher als jemandem die Zunge zu lösen
Fast jeder ist darauf versessen zu reden"

Sagt Javier Marias, ein kluger Mann
Der nicht nur Zungen lösen kann

Er setzt auch die Phantasie seiner Leser in Gang
Versöhnt sie mit ihrem eigenen Schreibzwang

Wer liest der schreibt
Und so bleibt

Eine gewisse Zungenfertigkeit
Mit der Gewissheit:

Da gibt es die Schweiger
Auch sie erleben ihre Geschichten, leider geben sie sie
    nicht weiter

Ihnen die Zunge zu lösen ist nur mit Langmut zu schaffen
Weil sie dazu neigen, mit ihrem Schweigen sich und
    andere zu bestrafen.

Liebesgedicht

Auf einer Küchenrolle schrieb ich Liebesgedichte
Ich befestigte sie an einem hohen Baum
Langsam flatterten sie im Wind in die Tiefe
Sie sind besser zu sehen aus dem Himmelsraum

Noch lange nach dem Aufwachen gefiel mir der Traum.

Märchenerzählerinnen

Prinzessinnen spüren sie
Die Erbsen – durch zwanzig Eiderdaunendecken
Oder zwanzig verständnisvolle Worte der Sympathie
Ach hätten
Die Prinzessinnen doch das gleiche Gespür
Für die Erbse ihrer Lieben
Für die Empfindung WIR
Und alle Erbsen blieben
Da wo sie hingehören
Und keine Prinzessinnen
Würden sich über ihr Dasein beschweren
Doch was wäre das Leben ohne den Spürsinn von
   Märchenerzählerinnen.

Von Leicht-, Froh- und Unsinn

Fabulieren

Nur in der Schreibecke stellt sich Schreiblust ein
Umgeben von Katzen, viel Papier und Büchern
Sind die Gedanken unterwegs und schlüpfen hinein
In die verborgenen Winkel in denen sie sich
    Bleiberecht sichern

Einlass wird nur denen gewährt
Die sich einfügen in die Geschichte
Traum- und Phantasiegestalten sind begehrt
Auch Leidensberichte

Solange sie sich nicht in endlosem Selbstmitleid verlieren
Dürfen sie sogar lamentieren – auch mit Leid lässt sich
    fabulieren.

Immer schon

Bald wirst du wieder malen
Nichts und niemand wird dein Talent rauben
Du wirst in deiner eigenen Währung bezahlen
Du hast ihn gefunden – den Glauben
An die Macht der Farben, der Imagination
Er führte und begleitete dich – immer schon.

Von Leicht-, Froh- und Unsinn

Ein Massaker

Nicht mehr schön zu sein, wenn man es war
Ist nicht nur sicht- und unleugbar

Es schien trotz vieler Gegenmittel
Und vieler Ehren und auch Titel

Für manches reich beschenkte Wesen
Auch unvorhersehbar gewesen

Und prompt erklärt Mann sorgenschwer:
„Das Alter ist ein Massaker"[4].

---

[4] Philip Roth

Marianne Hartwig

Dann steht viel auf dem Spiel

Ich sollte nachsichtiger sein – mit mir
Wenn ich wieder einmal zu Wiederholungen neige
Ein Euphemismus für Vergesslichkeit und eine Tür
Zu bekannten Räumen – ziemlich feige

Richte ich mich ein
In der erprobten Sichtweise und Argumentation
Variiere sie ein wenig und schlüpfe hinein
In meinen Rechtfertigungsbau, der lange schon

Schutz bietet vor verbalen Überfällen
Nur manchmal erscheint so etwas wie ein Ziel
Und ich lasse mich forttragen von Wellen
Der Begeisterung – dann steht viel auf dem Spiel.

Vergangenheit

Manche Bilder fliegen schon am frühen Morgen vorüber
Wie Nachtfalter in der Dämmerung
Woher kommen sie, gerade jetzt, denn lieber
Wäre mir die Erinnerung

An den nächtlichen Traum
Der diese Lust auf den neuen Tag ausgelöst hat
Ein Zwischenraum
Wunschtraum-Bilder statt

Wirklichkeit
Und Überfälle der Vergangenheit.

Rettungsring

Die Erinnerung, sie stellt sich plötzlich ein
In Wellen, wie eine Flut bricht sie herein

Überschwemmt die mühsam errichteten Deiche
Dringt ein in letzte sichere Bereiche

Ohne hilfreiche Hände entkomme ich ihr nicht
Weit entfernt von Zuversicht

Schimmert ein Hoffnungslicht
Und ganz nahe liegt manchmal ein Rettungsring – ein
    Gedicht.

Oder ein Gedicht

In nur knapp drei Stunden
Bin ich da, wo die Zitronen blühen
Die Zeit im Land des grauen Himmels ist überwunden
Statt im Herbst werde ich im Frühling in den Süden
ziehen

Jedes Mal frage ich mich
Wen liebe ich mehr
Zu beantworten ist das nicht
Liebt man, so liebt man nicht mehr sondern sehr

Zwei Leben zu lieben – gleichzeitig
Ich weiß aus Erfahrung, das ist unmoralisch
Das gehört sich nicht
Da hilft nur Zuversicht oder ein Gedicht?

Auf eine neue Zeit

Erst nach dem Morgengedicht fühle ich mich für den Tag
 gefeit
Eine Dusche für den Geist – belebend
Eine tägliche Herausforderung, sie macht mich bereit
Neu zu beginnen, nicht nur widerstrebend

Ganz allmählich beginnt der neue Tag
Auf Schritt und Tritt begleitet von der Vergangenheit
Das Gedicht ist dann die erste Tat, die es vermag
Mich einzustimmen auf die Gegenwart – auf eine neue Zeit.

Von Leicht-, Froh- und Unsinn

Aus dem Trauer-Labyrinth

Aus dem Gefängnis der Trauer herauszufinden
Kostet nicht nur Anstrengung und Ausdauer
Manchmal fehlt die Bereitschaft, Lebenslust zu empfinden
Dann schützt sie vor Überfällen – die selbst errichtete Mauer

Solange Katzen und Bücher in großer Zahl vorhanden sind
Helfen sie den Ausweg zu finden – aus dem Trauer-Labyrinth.

Viel Rabatz

Ein Tag der Gelassenheit
Ist herbei zu beschwören
Heute ist es so weit
Schon am frühen Morgen waren die Signale zu hören

Nicht nur als Vogelstimmen-Gesang
Selbst der Kuckuck hielt schon früh seinen Schwatz
Die Natur erwacht mit Tatendrang
Mit Gelassenheit und viel Rabatz.

Von Leicht-, Froh- und Unsinn

Auf dieser Welt

Wenn der Mondschein wieder einmal
Verschlafene Erinnerungen bringt
Die wie ein von Musik begleitetes Ritual
Durch die dünnen Holzwände der *casita*[5] dringt

Heiße ich sie willkommen
Sie bestimmen nicht mehr mein Leben
Doch wie ein leises Summen
Begleiten sie mich, wie die Sehnsucht nach Vergeben

Wie viel Energie verbrauchen Schuldzuweisungen
Sich selbst und anderen verzeihen, wie schwer das fällt
Die Wortgewandten schreiben seitenlange Erklärungen
Dabei genügt ein Wort: Verzeihung – vorausgesetzt beide
    Schuldigen leben noch auf dieser Welt.

---

[5] Häuschen (span.)

Aber

Abergläubige sind aber auch gläubig
Zwar aberwitzig
Aber auch hoffnungsfreudig

Wenn dann Freitag, der 13. ein Glückstag ist
Ist das aber eine Seltenheit
Sozusagen eine Schicksalslist
Aber auf keinen Fall Grund zu Gelassenheit

Oder auf ABER ganz zu verzichten
Schließlich eignen sich aberwitzige Geschichten besser
    zum Reimen und Dichten.

Von Leicht-, Froh- und Unsinn

Nie

Auf einer Insel zu leben
Ist nicht einmal eben

Nur ein Wunsch, eine Idee
Begrenzung, Rückzug ist seit eh und je

Immer wieder ein Ziel
Mit ganz viel

Phantasie
Zu spät für sie ist es nie.

Traumdeuter

Wenn ein Alptraum immer wiederkehrt
Enthält er eine Mahnung, einen Hinweis
Dann ist es meist empfehlenswert
Auszubrechen aus dem Hexenkreis

Und neue Wege zu beschreiten
Ein jeder kann seine Träume deuten
Trotz großer Feigheit und entsprechendem Leiden
Nicht alle brauchen einen Traumdeuter-Therapeuten.

Von Leicht-, Froh- und Unsinn

Ein Schimmer von Glück

Wie die Kumuluswolken am Himmel tanzen
Ihre Leichtigkeit verführt zum Mitschweben
Als Zuschauerin und gleichzeitig Teil des Ganzen
Wirkt die Zeit, die noch bleibt, wie ein ganzes Leben

Im Widerschein – in diesem Augenblick
Die Tänzer spiegeln sich im Meer
Kein Weg führt in die Vergangenheit zurück
Nur die Gegenwart bietet mehr:

Einen Schimmer von Glück.

Lebenskunst

Ein Bild oder ein Gedicht
Es festzuhalten kann mühelos sein
Schon die ersten Pinselstriche oder Zeilen zeigen: es fließt
Farben und Worte sind wie ein Widerschein

Ein Déjà-vue-Erlebnis
Genau wie beim ersten Mal
Wer oder was meint, dass es aufzeichnungswert ist
Haben wir die freie Wahl

Uns für mühselig oder glückselig zu entscheiden
Und wann beginnt die Bereitschaft
Einzusehen: es ist nicht zu vermeiden – das Leiden
Denn es gibt eine *poder superior*[6] – ein Über-Macht

Und manchmal zeigt sie uns ihre Gunst
Manche nennen das Lebenskunst.

---

[6] höhere Macht (span.)

Leiden

Manchmal lassen sich Gedanken lenken
Lassen sich an der langen Leine spazieren führen
Bilden sich ein in Gedanken-sind-frei-Manier zu denken
Bis sie sich im Freiheits-Labyrinth verlieren

Auf der verzweifelten Suche nach Auswegen
Bemüht, Umwege zu vermeiden
Freiheit ist so lange ein Segen
Wie Freiheitssuchende nicht unter Freiheits-Fanatikern
    leiden.

Regenbogen

Ein Regenbogen am Himmelszelt
Ein Farbenspiel, das wir betrachten können
Das einen Bogen schlägt zu der anderen Welt
Die wir unendlich nennen

Die keinen Anfang und kein Ende hat
Was nicht zu erklären ist und nicht zu verstehen
Die uns aber ihre Farben und Formen offenbart
Und wir so ihre Existenz durch die Schönheit eines
    Regenbogens sehen.

Rückzugsstrategie

Der Klang schien ein Fenster zu öffnen
Ein Blick auf unsere Erlebnis-Landschaft wurde frei
Er blieb an vertrauten Orten hängen
Verweilte, glitt vorbei und plötzlich war klar:
Immer wieder kann ich sie aufsuchen
Die Lieblingsplätze
Ihren Anblick, ihre Ruhe genießen
Bei stürmischen Ausblicken schließe ich das Fenster
Ziehe mich in die inneren Räume zurück
Und nenne die Rückzugsstrategie Glück.

Anfangen

Gedichte sind wie Balsam
Der schon am Morgen Linderung verschafft
Oder wie Octavio Paz sagt:
„Das Glück ist ein Strählchen in der Sonne" – behutsam
Scheinen Gedicht und Sonne den neuen Tag zu empfangen
Der erste Tag im Neuen Jahr könnte nicht friedvoller
    anfangen.

Von Leicht-, Froh- und Unsinn

Poesie-Therapie

In dem sich ständig verändernden Lebensfluss
Gibt es viele rettende Inseln, die verführen
Die Poesie ist eine, von weitem wie ein Gruß
Aber dann eine Verlockung, sich in neuen Welten zu verlieren

Durch mich findest du zu dir
Mit mir lassen sich neue Wege beschreiten
Was immer du denkst, sie stehen nur auf dem Papier
Deine Phantasien, Wünsche und Freiheiten

Und doch beeinflussen sie dein Leben
Du musst nur an ihre Macht glauben
Nichts und niemand kann sie dir rauben
Die Sprach- und Lebensgestaltungen, die dir neues Selbstvertrauen geben.

Oder ein Trick

Wenn Farb- und Wortspiele zu einem Glücksspiel werden
Kann daraus ein Bilderbuch entstehen
Eines, gegen das wir uns schon im Kindergarten nicht wehrten
Denn Mal- und Wortspiele sind für jeden zu verstehen

Sie zu einer Einheit zu kombinieren
Das nennen wir Glück
Damit zu spielen ohne Furcht, Zeit zu verlieren
Ist entweder Talent – oder ein Trick?

Simple Erkenntnisse

Ein Blick auf die Rose
Bestimmt den Tag
Durch die Terrassentür leuchtet die Tages-Prognose:
Was immer sich heute ereignen mag, ich akzeptiere das
    Geschehen

Sollten unerfreuliche Erfahrungen vorkommen
Sind sie – von Tragödien abgesehen
Einfach nur willkommen
Wenn Philosophen das Gelassenheit nennen
Nun, manchmal muss man sich zu simplen Erkenntnissen
    nur bekennen.

Sturzflug

Es gibt nicht den geringsten Anlass zuversichtlich zu sein
Das Ergebnis der Entscheidung, die ich treffen muss,
   schränkt ein

Ein Spielraum bleibt
„Wer liest, der schreibt"

Immer noch balanciere ich freihändig
Alle Vernünftigen warnen mich

Dein Tod hat die Vernunft besiegt
Auch wer abstürzt fliegt

Einen kurzen Moment
Den kein Freihändiger Sturzflug nennt.

Freudlosigkeit

Manchmal lässt ein nächtlicher Traum
Den folgenden Tag in neuem Licht erscheinen
Träume, unser verborgenes Leben, ein Zwischenraum
In dem wir uns freuen, fürchten und weinen

„Der Traum ist voller Wunder"[7]
Nicht nur für die, die an Wunder glauben
Auch für Nicht-Gläubige kann ein Traum mitunter
Dem Tag seine Freudlosigkeit rauben.

---

[7] Charles Beaudelaire

Eine kurze Zeit der Geborgenheit

Hier fühle ich mich manchmal geborgen
In der Schreibecke mit Blick auf den Sabina-Baum
Es sind die Hoffnungsmomente am Morgen
Die ihn dann ausfüllen, den kleinen *casita*-Lebensraum

Sie locken mich aufzuschreiben, was mir durch den Sinn geht
Ich schicke es an dich, zusammengeheftet mit einem Seidenband
Dessen andere Hälfte an dem gepflanzten Baum auf Chicas Grab weht
Einmal abgesandt
Freue ich mich darauf, deine Stimme zu hören – aus dem anderen Land.

Von Leicht-, Froh- und Unsinn

Zu beneiden

Wenn die Sommergäste mein Dichten finanzieren
Und sie in Urlaubsstimmung das Haus in Besitz nehmen
Haben meine Katzen und ich nichts mehr im Haus-
    Umfeld zu verlieren
Wir schauen gelassen zu, und kämen
Noch einmal gästefreie Zeiten
Würden wir auch dann in der *casita*[8] bleiben
Denn unter allzu viel Nähe hat nur derjenige zu leiden
Der zu abhängig ist, um sich genussvoll die freie Zeit zu
    vertreiben
Meine Katzen und ich sind oft absolut zu beneiden.

---

[8]   casita = Häuschen (span.)

Alle wollen alt werden

Nicht nur das Alter ist ein Massaker
Wie Philip Roth ganz treffend feststellt
Auch die Vorboten massakrieren schon sehr
Wenn z.B. ein Blick auf die nicht mehr vorhandene
    Bikinifigur fällt
Gesteht sich die Massakrierte den Widerspruch ein:
Alle wollen alt werden, doch keiner will alt sein.

Von Leicht-, Froh- und Unsinn

Mut

Energielose Zeiten sind schwer zu ertragen
Lust-und freudlos vergehen die Stunden
Da hilft es wenig nach Ursachen zu fragen
Erklärungen auf besorgte Nachfragen sind frei erfunden

Bis plötzlich – fast über Nacht
Die Neugierde wieder erwacht
Sie hatte eine ausgiebige *siesta*[9] gehalten
Solange sie auf den Winterschlaf verzichtet verzeihe ich ihr
    das Fehlverhalten

Auf Rechtfertigungen zu verzichten tut gut
Mit der Rückkehr der Energie blinzelt auch wieder Mut.

---

[9]   Mittagsruhe (span.)

Leicht-mütig

„Humor ist Leichtsinn der aus Schwermut kommt"[10]
Keine unbedingt neue Erkenntnis
Doch philosophisch unterstützt und betont
Erfreut es den Leichtsinnigen auf der Suche nach dem Kompromiss

Täglich froh- und leichtsinnig statt schwermütig zu sein
Leicht-mütig als Lebensprinzip
Auf einer Insel – und nicht allein
Damit nehme ich heute vorlieb.

---

[10] Odo Marquard

Momente der Zuversicht

In Briefen gesammelt ergeben Tage
Momente der Zuversicht
In ihnen stell ich mich nicht infrage
Vertraue dem Zufall und bin bereit

Für jeden Augenblick dankbar zu sein
Es immer wieder zu proben – das gemeinsame Leben
Manchmal mit Hilfe von Bild und Reim
Was nicht ausreichend ist – zugegeben

Dann genießen wir wieder einmal
Das Zusammensein auf der Insel
Wäre es nicht phänomenal
Das Miteinander von Stift und Pinsel

In Buchform ist es schon gelungen
An Wunder zu glauben ist eine der Voraussetzungen.

Im Traum

Manchmal wünsche ich mir
Bevor ich einschlafe einen Traum
Dass sich Träume erfüllen können, wissen wir
Dann gleiten wir in diesen erwartungsvollen Zwischenraum

Ohne Schwerkraft – wir schweben
So sieht sie aus – unsere Erde von oben
Schön ist sie und von blauem Licht umgeben
Dürfen wir sie nur von oben betrachtet loben?

Das denke ich erst nach der Landung in weichen Kissen
Kuschele mich ein und bedanke mich für den Traum
Die kleinen Wünsche gehen in Erfüllung, wie wir wissen
Die großen – nun ja – erfüllen sich im Traum.

Von Leicht-, Froh- und Unsinn

Die lästigen Sorgen

Was für eine Labsal, dieser Gewitterregen
Manche alten Worte sind wie ein Bonbon
Zergehen auf der Zunge und führen zu: Regen bringt Segen
Zu einer Kindheitserinnerung, wie der ersten Heiligen Kommunion

Geschenke, die vom Himmel zu fallen scheinen
Das ist die Gedankenverbindung
Wie in Träumen führen sie einen
In die verborgensten Winkel, um

Einfach nur zu erkennen: So ist sie, die Natur an diesem Augustmorgen
Eine Heilerin,die sie hinwegspült, die lästigen Sorgen.

List

Ein Lebenselixier ist Neugier
Ohne sie und viel Papier
Wäre das tägliche Einerlei nicht das was es ist:
Eine von Neugier begleitete Daseins-List..

Inselleben

Das geht nicht, sagten alle
Dich überzeugte das nicht
Du machtest das einfach – in diesem Falle
Hattest du mich, die bestärkte dich

Und so lebe ich heute hier
Von deinen Träumen umgeben
Du sagtest immer WIR
Erst jetzt verstehe ich deine Sehnsucht nach dem Inselleben.

Mehr

Ein Brief ist mehr als nur ein Ersatz für ein Gespräch
So wie ein Bild mehr ist als eine Antwort auf einen Brief

Nur wer mehr will gibt sich nicht mit weniger zufrieden
Es sei denn: Weniger bedeutet Meer.

Von Leicht-, Froh- und Unsinn

Im Erinnerungsland

Eine Reise in die Vergangenheit gelingt nur dann
Wenn ich mir das Reiseziel bewusst aussuche
Ich gönne mir den Luxus dann und wann
An jenen Orten zu verweilen, an denen meine Besuche

Auf die Menschen treffen, denen ich vertraute – bedenkenlos
Die mich begleiteten in Zeiten voller Verzweiflung und
 Widerstand
Dann idealisiere ich sie – hemmungslos
Denn dieses Mal komme ich als Tourist, der Urlaub macht
 – im Erinnerungsland.

Verführer

Welche Geschichte beginnt schon an ihrem Anfang
Wir sind mittendrin, wenn wir sie erzählen
Dann berichten wir – Geschichtenerzähler lebenslang
Die Klagenden um sich zu quälen

Die Märchenerzähler um zu dichten
Was ist erfunden, was erlebt
Am liebsten erzähle ich jene Geschichten
In denen ein Hoffnungsschimmer über dem Ende schwebt

Wie unrealistisch wehklagen die Lamentierer
Und finden einen Schuldigen, manchmal aber auch einen
    Verführer.

Von Leicht-, Froh- und Unsinn

Eben

Nachtgespenster sind Lichthasser
Sie flüchten beim Anblick von Stift und Pinsel
Verabscheuen ihn wie der Teufel das Weihwasser
Und so vertreibe ich sie und ihre Habgier von der Insel

Mit den ersten Lichtstrahlen, die die *casita* umgeben
Greife ich zu meinen Waffen und kündige an
Mich nicht zu ergeben
Wer schreibt ist kein Untertan

Nicht immer funktioniert der Verteidigungs-Trick
Dann ziehe ich mich in meine Traumwelt zurück
In der zwar auch Gespenster leben
Fabeltiere, Märchengestalten – eben.

Allein

Wer Geschichten schreibt, ist indiskret
Gibt Geheimnisse preis
Ein jeder weiß
Neugierde ist wie ein Magnet

Zieht andere lüsterne Neugierige an
Die sorgen für die Geheimnis-Verbreitung
Eine rätselhafte Geschichte ist wie eine Leitung
Sie zieht Geheimnisjäger in ihren Verbindungs-Bann

Sie sind gierig und wollen nicht enttäuscht sein
Alles interessiert sie mehr
Als die Frage nach dem Wohin und Woher
Mit dem Geheimnis der Geschichte Leben ist jeder allein.

Von Leicht-, Froh- und Unsinn

Zeitlich begrenzt

Wie ist es wohltuend, das Lamentieren
Die Suche nach den Schuldigen
Wie ließe sich unser Erdenaufenthalt kompensieren
Ohne nach Mächten zu suchen, die dem Lebensprinzip huldigen

Ein Tag oder ein Leben von 100 Jahren
Dasein ist ein Wunder
Und auf der täglichen Achterbahn erfahren
Wir alle Höhen und Tiefen unter

Der Prämisse: „Was du nicht willst, dass man dir tut
Das füg auch keinem andern zu"

Tiere folgen anderen Prinzipien
Und sind doch Lebewesen, die wir lieben

Wir alle haben eine Überlebenslist
Die zeitlich begrenzt ist.

MARIANNE HARTWIG

Teil des Ganzen zu sein

Meine kleine Welt ist von Pinien umgeben
Manchmal durchbreche ich den grünen Zaun
Nur um einen Blick zu werfen auf das Leben
Der anderen – ich vermisse sie kaum

Als Einsiedlerin mit den Tieren
Grenze ich sie aus – die Welt der ach so Wichtig-Tuerlein
Die Gefahr, die mühsam erworbene Gelassenheit zu verlieren
Besteht zu jeder Zeit, dann flüchte ich ans Meer und tauche ein
In die Weite und das Gespür: allein und doch Teil des Ganzen zu sein.

Von Leicht-, Froh- und Unsinn

Tagträume

Tagträumen heißt: nicht entsagen
Die tägliche Flucht in Gedankenspiele
Schützt vor Wehklagen
Bietet Ersatz für unerreichbare Ziele

Das Prinzip Hoffnung – ein Wegbegleiter
In Zeiten der Niedergeschlagenheit, aber auch der
    Gewissheit:
Hoffnung ist ein Wegbereiter
Schließt Trotz ein und Eigensinnigkeit

Wenn Wunschbilder daraus entstehen
Wird Hoffnung sichtbar, selbst Unzufriedene können
    sie dann sehen.

Verlorene Zeit

Seitdem ich mir viel Zeit nehme
Kann ich sie den anderen lassen
Wenn jetzt noch Einsicht dazu käme
Könnte ich sie bei Gelegenheit sinnlos verprassen

Noch ist es nicht so weit
Denn noch will ich sie sammeln – die verlorene Zeit.

Von Leicht-, Froh- und Unsinn

Sinn für Gewinn

Es gibt da eine verborgene Schatzkammer
Den Zugang finde ich manchmal – im Traum
Kein Schloss, nur eine einfache Wäscheklammer
Die entferne ich und trete ein in den Aufbewahrungs-raum

Dann habe ich Lust, die Schätze auszubreiten
Und wünsche mir, dass auch andere sie entdecken
Doch meistens betrachte ich sie nur von allen Seiten
Um die schönsten – egoistisch – gleich wieder zu verstecken

Als leidenschaftliche Sammlerin
Wäre er hilfreich – der Sinn für Gewinn.

Am Meer

Wenn ich einmal nicht anzutreffen bin
Wissen meine Freunde, ich bin auf der Suche nach mir
Die macht nur am Meer Sinn
Es bietet keine Verstecke und dafür

Lohnt sich die Mühe nicht aufzugeben
Immer wieder gibt das Meer kleine Fundstücke her
Daraus lässt sich ein Muster weben
Dann bin ich vorübergehend mit mir im Reinen – bis
    zur nächsten Abwesenheit – am Meer.

Von Leicht-, Froh- und Unsinn

Lebenshilfe

Tage- und Stundenbuch sind meine Begleiter
In jeder Lebenssituation griffbereit
Die endlosen Refrains bringen mich keinen Schritt weiter
Doch mit der Zeit
Erliege ich dem hilfreichen Drang
Meine Helfer so für mich einzusetzen
Dass die Tages-Herausforderungen mich weniger verletzen
Ich nenne das Lebenshilfe statt Reimzwang.

Kein Happy End

Mit dem Schreiben ist es wie mit dem Verlieben
Mit plötzlichem Staunen stellen wir fest:
Der Augenblick zählt und lässt
Emotionen entstehen von geheimen Sehnsüchten angetrieben

Eine Geschichte entsteht – entsprechend unserem Talent
Auch wenn wir noch nicht ihren Ausgang kennen
Und uns immer wieder von Wunschbildern trennen
Es ist unsere Geschichte, und ein guter Geschichten-
    erzähler beschert Neugier und Hoffnung – wenn
    schon kein Happy End.

Bewunderungs-Bann

Wenn Neid verkappte Bewunderung ist
Wie Kierkegaard meint
Ist jeder der träumt auch ein Realist
Der in sich Gegensätze vereint

Die ihm helfen, das Leben zu meistern –wie jeder weiß
Ziehen sich Gegensätze an
Liebesbeziehungen sind der sicherste Beweis
Solange er anhält – der verkappte Bewunderungs-Bann.

MARIANNE HARTWIG

Wie ich ihn liebe – diesen Zwang

Mit dem Stift in der Hand den Tag zu beginnen
Ist zwar ein Privileg
Doch manchmal wie ein Zwang, dem Alltag zu entrinnen
Fast immer treffe ich auf dem Weg

In eine längere Geschichte
Die Lust zum Dichten – zum Versifizieren
Und dann verzichte
Ich auf prosaisches Ausprobieren

Zugunsten eines fast zärtlichen Gefühls für Reimzeilen
Mit der Lupe der Erinnerung suche ich sie dann
Meine alten Lieblingsdichter, um in ihrer Verskunst zu
    verweilen
Wie ich ihn liebe – diesen Zwang!.

Von Leicht-, Froh- und Unsinn

Sofort oder nie

Gute Ideen fallen einem wie Sternschnuppen zu
Ihren Zauberglanz festzuhalten
Gelingt im Nu
Oder gar nicht – sie entfalten
Die damit verbundene Wunschfantasie
Sofort – oder nie.

Risikofreude

„Aus Erfahrungen Erfindungen zu machen ist die
   Pflicht des Dichters"[11]

Wenn jedoch Erfinden zu einer Erfahrung wird
Die wie ein Ariadne-Faden durch das Labyrinth des Alltags
   führt
Wird aus Pflicht Freude
So ein Tag ist heute:
Erst die Freude, dann die Pflicht
Meine Lieben meinen, dass das risikofreudig ist.

---

[11] Ulla Hahn

Unverzichtbar

Wie ein Schmetterling umflattert mich manchmal ein Wort
Geduld nenne ich den Zitronenfalter
Mit seiner Liebsten, der Besonnenheit umkreist er den magischen Ort
Unter dem Olivenbaum, der in seinem über taussendjährigen Alter

Die beiden einlädt, in seinem Schatten zu schweben
Den Tag zu sehen, wie ein langes Olivenbaum-Leben

An dem immer gleichen Ort
Und dem Zauberwort:

Geduld oder Besonnenheit
Unverzichtbar in einer kurzen oder langen Lebenszeit.

Bienvenido[12]

Die Regentropfen glänzen auf dem Hibiskus
Mit leuchtenden kleinen Lichtern erhellen
Sie den Lebensraum in seinem Radius
Dicke Hummeln gesellen

Sich zu dem neuen Blütenmeer
Die Natur breitet ihre Schätze aus
Lockt und zaubert kreuz und quer
Hier lässt sich leben – in Saus und Braus

Der Hibiskus ist ein Geschenk
Ich gelobe ihm Fürsorge an trockenen Tagen
Seine Blütenkelche bieten nicht nur Hummeln ein Gastgetränk
Bienen umsummen ihn mit Behagen

Und so heißen wir ihn willkommen in unserer kleinen Welt
Bienvenido, Hibiskus, ich sehe, dass es dir bei uns gefällt.

Willkommen (span.)

Von Leicht-, Froh- und Unsinn

Lebenskunst

Wenn Gedanken wie Motten um einen Lichtpunkt
    schweben
Kommt immer wieder die Überlegung in den Sinn:
Das Leben ist nur mit Geschichten und Bildern zu überleben
Als Geschichtenerzählerin oder Malerin

Meint das Schicksal es gut mit uns
Und gewährt uns oft seine Gunst
Dann bedanken wir uns und üben weiter – in Sachen
    Lebenskunst.

In der Erinnerung

Wer malt
Besitzt seine eigene Heilanstalt

Ein Reich der Formen und Farben
Lässt Stille zu und Wunden vernarben

Und nach einer langen Weile
Erscheint die ehemalige Eile

Wie ein Sich-Verirren im Labyrinth
Doch mit Kunst und Geschick sind

Farben wie eine Glückswahrnehmung
Die sich einfangen lässt im Bild oder in der Erinnerung.

Von Leicht-, Froh- und Unsinn

Wie der Wind

Tranfunzeltage nennt eine Freundin
Jene Tage, an denen kein Energiefunke zündet
Illusionen und Möglichkeit machen wenig Sinn
Jeder Gedanke endet

Im Nirgendwo, so
Als wäre die Zeit
Anderswo
Auf keinen Fall wichtig und meilenweit

Entfernt von Pflicht und Disziplin
Die vielleicht nur deshalb zu bewältigen sind
Weil es sie gibt, die Tage ohne Sinn
Die Tranfunzeltage – die verwehen wie der Wind.

Zusammenspiel

Das Spiel mit Farben und Worten
Wird zu einem Zusammenspiel
Noch spielen wir an unterschiedlichen Orten
Mit dem Ziel

Worte zu untermalen mit Bildern
Oder zu den Gemälden Worte zu finden
Solange wir aus unserer Sicht die Gegenwart schildern
Solange werden unsere Träume nicht verschwinden

Und uns begleiten
Auf dem Weg zu dem Ziel
Das Farben und Worte vorbereiten:
Dem Zusammenspiel.

Von Leicht-, Froh- und Unsinn

Besonnenheit

Die Sonne brachte sie an den Tag
Ohne Sonne hätte mir der Mut gefehlt
Zu dichten, zu schreiben, ich hätte es nicht gewagt
Einfach weiter zu reimen – mit wenig Geld

Auf einer Insel zu leben
Nach Sinnsuche zu streben
Die manchmal den Zustand beschreibt:
Be-sonnenheit.

Gefallen

Wer malt
Der ist
Ein eigenwilliger Minimalist
Der sich in einem Meer von Farben und Formen aalt
Um schließlich von allen
Die auszuwählen, die nur ihm gefallen.

Von Leicht-, Froh- und Unsinn

Die eine malt, die andere schreibt

Zusammen sind wir ein Freundes-Paar
Manchmal verzweifelt, manchmal gelassen
In allen Lebenslagen füreinander da
Unser Lebensmotto lässt sich wie folgt zusammenfassen:

Wir wissen, das bleibt:
Die eine malt, die andere schreibt.

Ohne Gewinner oder Verlierer

Wer sich nicht dem Zufall überlassen will
Sollte weder malen noch dichten
Wenn Erinnerungs-Phantasien Luftschlösser errichten
Ist das ein Spiel

Mitspieler existieren
Sie unterliegen ebenfalls der Wunschtraum-Pflicht
Spielregeln gibt es nicht
Ein Spiel ohne Gewinner oder Verlierer.

Zum Glück

Gegen nächtliche Plagegeister
Hilft Lesewut
Sanftes Schäfchen-Zählen macht sie nur dreister
Und wer hat des nachts schon den Mut

Den Beweis zu erbringen
Dass sie nur so lange existieren
Bis wir die Angst verlieren
Und sie zur Flucht zwingen

Lesewut und Zwang helfen fast immer
Und beim ersten Tagesschimmer
Entschwinden die lichtscheuen Wesen
Denn Geister sind zum Glück unbelesen.

Bewusst

Wir sind uns des Privilegs bewusst
Dass Begeisterung und Lebenslust
Schicksalsgeschenke sind
Von einer guten Fee in die Wiege gelegt
– dem Menschenkind

Das irgendwann staunend spürt:
Ein Wunder ist das Leben
Außerdem ein Geschenk, das zu einem Glauben führt
Einem zweifellos unlogischen - eben

Was ist eher zu glauben beziehungsweise zu ertragen
Dass das Universum durch den Urknall vor 13,7
Milliarden Jahren entstanden ist
Oder der „liebe Gott" es erschaffen hat – in sieben Tagen?

Ein jeder ergebe sich seiner Daseins-Lust
List und Lust machen Liebe, und Liebe macht bewusst.

Von Leicht-, Froh- und Unsinn

Wagen statt klagen

Die Energie, die wir mit Klagen verschwenden – laut oder
 im Stillen
Würde – transformiert
Leinwände und Buchseiten füllen
Und so sagen wir uns – privilegiert:
Wagen statt klagen.

In diesem Augenblick

Noch liegt die *casita*[13] im Schatten, doch dann
Glänzen die Bergrücken im Sonnenlicht
Der letzte Tag des alten Jahres bricht an
Schon der frühe Morgen verbreitet Zuversicht

Der Sturm hat nur zwei Pinien gefällt
Und die fielen erreichbar auf den Hang
In meiner lichtdurchfluteten kleinen Welt
Nimmt der Vortag des Neuen Jahres seinen Anfang

Der Sturm arbeitet Hand in Hand mit dem Baumfäller
Verbrennen lassen sich die Äste da nicht
Die Fallrichtung stimmt zwar, brummt der
Doch das Unterholz ist viel zu dicht

Überlegen sind Gewalt-Menschen nur im Schrecken-Verbreiten
Unter dem Natur und ihre Opfer leiden

Ein Dutzend Tsunamis fordert weniger Tote als ein Krieg
Vertrauen heißt das Zauberwort in diesem Augenblick.

---

[13] casita = Häuschen (span.)

Von Leicht-, Froh- und Unsinn

Zu entziehen

Ein Unsinn-Reim hat die Macht
Wie ein Traum in der Nacht

Wirklichkeit in Possen zu verwandeln
die davon handeln

Dem Sinn zu entfliehen
Sich der Tatsächlichkeit zu entziehen.

Mutwillig

Wenn ein Kleinmütiger jede Mutprobe meidet
Und missmutig unter Mutlosigkeit leidet

Wählt er unter all den Mutvarianten eine
Die er am wenigsten scheut
Die ihn etwas erfreut
Und zukünftige Mutproben nicht ausschließt – sozusagen seine

Wenn schon nicht wagemutig dann doch wagewillig
Nicht gerade unmutig, eher mutwillig.

Demut

Von all den Mut-Spielarten
Langmut
Sanftmut
Übermut
Kleinmut
Unmut
Missmut
Wagemut
Gleichmut
Anmut
Freimut
Hochmut
Kleinmut
Großmut
Wohlgemut
mutwillig
mutlos
Ist nicht zu erwarten
Dass sich eine als Lebenshilfe bewährt
Es sei denn, das Schicksal gewährt
Uns auf all unseren Lebenspfaden
Langmut
Und eine gehörige Portion Demut.

Immer wieder Daheim

Jenseits der Alpen

Abschiednehmen um neu anzukommen
In zwei Ländern zu leben war deine Idee
Ich habe deine Rastlosigkeit übernommen
Unterwegs fühle ich mich wie eh und je in deiner Näh

Reisen als Flucht
Heimat ein Traum
Immer wieder sucht die Sehnsucht
Einen Ort, der dann kaum

Den Wunschvorstellungen entspricht
Und so übernehme ich die Flug-Lust der Schwalben
Im Herbst locken Wärme und Licht
Jenseits der Alpen.

Neu zu beginnen

Für jeden neuen Tag dankbar zu sein
Gelingt nicht immer
Heute ist wieder einmal Reisetag – in einigen Stunden
    bin ich daheim
Eine große Entscheidung und ein kleiner Hoffnungsschimmer

Warten auf mich – im großen und ganzen
Habe ich Vertrauen in die Schicksalsmacht
Und immer noch Lust, auf zwei Hochzeiten zu tanzen
Solange ich mich gegen sie wehre – die Plagegeister der Nacht

Dann erfinden die Traum-Gehilfen seltsame Geschichten
Manchmal Wünsche, die in Erfüllung gingen
Immer wieder gute Gründe, schon am Morgen zu dichten
Um mit Tagträumereien und Hoffnungen neu zu beginnen.

Geister-Treffen

Auf dem Weg zum Festland begleiten mich die Insel-Geister
Sie wollen mich zurückhalten
Halten mir Fahnenflucht vor – je weiter ich fahre, je dreister
Ich lasse mich nicht aufhalten

An der Landesgrenze ziehen sie sich zurück
Auch Geister respektieren Grenzen
Sie haben nur so viel Macht wie man ihnen gibt
Ihr seid meine Inselgeister, auf dem Festland werde ich
    unsere Treffen schwänzen.

Unvereinbar

Wieder einmal reise ich in mein altes Haus
Und wieder einmal ist es verbunden mit Wehmut
Immer noch gehen Gäste ein und aus
Und immer noch habe ich den Mut

Es am Leben zu halten mit Hilfe von Freunden und Energie
Hast dich gut gehalten, meine Alte
In dir fühle ich mich geborgen – reine Nostalgie
Verzeih mir meine kurzen Aufenthalte

In dir bin ich auf diese Welt gekommen
Dich gab es da schon ein paar hundert Jahr
Das andere Land in dem ich lebe hat mich mit Toleranz
    aufgenommen
Manchmal ist Nostalgie und Freiheit unvereinbar.

DAHEIM

Liebeserklärung an ein altes Haus

Angekommen im alten Daheim
Du riechst gut, auch nach langer Abwesenheit
Ich fühle mich geborgen in dir und im Allein-Sein
Mit einem klugen Helfer aus der Kinderzeit

Stockdunkle Nacht
Mäuse huschen in den Fachwerkwänden
Immer wieder ist sie spürbar, die Erinnerungsmacht
Nur zeitweise überlasse ich dich Fremden

Die sind fasziniert von deinen Alters-Allüren
Und manchmal kannst du auch sie verführen
Überleg dir das, meine Alte, in aller Ruh
Am Wochenende hast du Gelegenheit dazu

Ich suche wieder einmal Bewohner für dich
Zeig dich von deiner besten Seite, lass mich nicht im Stich
Mach bitte keine Fisimatenten
Ich will dich behalten, bis meine Lebenstage enden.

Kapitalanlage

Auf der Suche nach einem gewissen Fundstück
Krame ich in meinem Erinnerungsschatz
Er ist mir verloren gegangen – der Überblick
Zu wenig Disziplin – zu viel Platz

In all den Zwischen- und Nebenräumen der Scheune
Teilweise erstaunlich überschaubar
In dem großen Ordner „Träume"
Finden sich selbst Deutungen – richtig das war

Die Zeit der Wohngemeinschaft
Infragestellung, Erfahrung auf Inseln, im Zelt
Zu viel, zu oft, zu laut gelacht
und immer wieder Rückzug in die alte Welt

In das alte Haus mit all seinen Nebengebäuden und Ställen
In denen es so viel Platz gab für Erinnerungsstücke
Alle Umzugskisten konnten wir unterstellen
Sie füllten selbst den Kälberstall – jede Lücke

Heute entstaube ich sie bei der Suche nach jenen
    Erinnerungsstücken
Die sich ansammelten bei all dem vorhandenen Platz
Dann stelle ich – fast – zufrieden fest bei den Rückblicken
Die Erinnerungs-Sammelstücke sind mein Kapital –
    mein Schatz

Den mir auch Trickdiebe nicht rauben können
Ich werde sie Kapitalanlage nennen.

Das weiß doch jeder

Ein Tag wie Balsam für die Seele
Versteckt hinter Haselnusshecken
Genieße ich den Sonntag und schiele
Zu den Weinblättern, die das hässliche Vordach wieder verdecken

Nachbars dicke Katze blinzelt mir von Zeit zu Zeit zu
Ihr zufriedener Blick scheint zu sagen
Wie haben wir es gut – ich und du
An diesem Sonnen-Sonntag, das Mäusejagen

Vertage ich auf später
Sonntags-Arbeit bringt kein Glück – das weiß doch jeder.

Weit und breit

In einer Vollmondnacht ist an Schlaf nicht zu denken
Über den Dächern in den Sternenhimmel zu sehen
Von Büchern umgeben und ohne Bedenken
Noch mitten in der Nacht zu den Lichtern zu gehen

Die ich immer anzünde während der Daheim-Zeit
Das ist ein wenig wie Nachtwandeln in Kindertagen
Alles ist vertraut und weit und breit
Vorübergehend keine Sorgen, die plagen.

Trotz Umklammerung

Vor- und Rückschau bestimmt mein täglich Üben
Die Gegenwart schafft Verbindungs-Rituale
Sie sind anfällig für Lügen
Denn die schmale

Gratwanderung zwischen Realität und Träumen
Schafft viele Wunsch-Geschichten
Wie die von Bäumen
Die in den Himmel wachsen, immer noch, in Gedichten

Und so sprießt und wächst es täglich
Zur Zeit wickelt die Clematis den Weinstock ein
Ich schaue untätig zu und freue mich
Über die Trauben, die trotz Umklammerung reifen – zu
    wenige für einen guten Tropfen Wein.

Marianne Hartwig

Dazwischen

Zwischen Heimat und Wahlheimat liegen viele Kilometer
Mit Wehmut abreisen und mit Freude ankommen
Ist immer wieder Abschied und Wiederkehr
Freudig oder beklommen

In der Heimatsprache träume ich
In der Wahlheimatsprache lebe ich
Noch muss ich mich nicht für eine entscheiden
Noch darf ich beides: mich freuen und leiden

Meine Tiere lasse ich zurück, die Arbeit nehme ich mit
Umgekehrt würde es mir besser gefallen
So ist das mit der Freude und dem Glück
Hält man es fest, löst es sich auf in Wohlgefallen

Wo bist du lieber, frage ich mich inzwischen
Die Antwort ist: dazwischen.

Gelassenheit

Nach einem langen Gespräch mit dir
Sehe ich dem Tag gelassen entgegen
Was immer er bringen mag, für
Die nächsten Stunden vertraue ich dem Land-Haus-Segen

Und richte mich ein im Bücherzimmer
Eine bildschöne Elster sitzt in der Trauerweide
Noch macht der April was er will und wie immer
Freue ich mich auf jedes deiner entstehenden Bilder oder
    einer beschriebenen Seite

Während unserer gemeinsamen Zeit
Die beiträgt zu mehr Gelassenheit.

Ein Leben lang

Mein kleines Dorf ist nur ein Übergang
Das Haus ein Ruhepunkt – ein Leben lang
Es schließt die schönsten Lebensstunden ein
Ist mein Daheim

Mit offener Tür und Scheunentor
Dann kommt es vor
Dass es zum Mittelpunkt wird
Und jeder der eintritt

Seinen Zauber spürt
Den es nicht verliert
Hier bin ich mit dem Herzen daheim
Es gibt mir die Freiheit, draußen in der Welt zu sein

Und zurück zu kommen – immer wieder
Ausgang – Übergang und Rückkehr – ein Leben lang.

Noch nicht das Ende

In der Haselnusshecke sitzen lautlos die Spatzen
Es ist Ostern und es schneit
Auch als Spatz vergeht einem da das frohe Schwatzen
Eine weiße Schneedecke weit und breit

Immer schon hätte es späte Wintereinbrüche gegeben
Sagen die Optimisten, die anderen meinen wir müssten
Auf unserer Erde nicht wie die Ausbeuter leben
Denn wir wüssten

Wie die Klimaänderung zustande käme und sagen unseren
    Kindern
Dass man Ostereier auch im Schnee verstecken könnte
Da wären sie auch leichter zu finden
Schließlich wären weiße Ostern noch nicht das Ende.

Gut aufgehoben

Heute vertraue ich mir
Zwei dicke Kohlmeisen sitzen in der Rotbuche
Auf den Frühling wartend, nein er ist noch nicht hier
Mensch und Tier sind auf der Suche

Dicke Schneeflocken im April
Das alte Haus umfängt mich
Auch die Natur macht was sie will
Und hält sich nicht an Sonnenschein-Pflicht

Vielleicht flüchte ich mich bald in meine Wahlheimat
Meine Aufgaben hier sind ausgeführt
Jeder Tag ist ausgefüllt und hat
Mich mit Vergangenem konfrontiert

In Verbindung mit der Gegenwart
Ist es eine liebgewonnene Mischung
Dieses Mal hat sie mich nicht vor Zukunftsängsten bewahrt
Sie ist und bleibt eine Herausforderung

Ich kämpfe um mein altes Haus unerbittlich
Wird sein Charme genügend Sommergäste anziehen?
Nur dann bleibt es mir erhalten und so vertraue ich
Darauf, dass Ruhesuchende sich in ihm gut aufgehoben
    fühlen.

Oder Illusionen

Auf der Suche nach Antworten
Lande ich immer bei I-Ging
An all den Stationen und Orten
Wann immer die Fragestellung anfing

War es da, das alte Orakelbuch im alten Haus
Aus schwierigen Lebenssituationen heraus
Flüchte ich mich in die Weisheit des I-Ging
Am liebsten zusammen mit meiner Freundin

Und immer – wirklich immer
Erhalten wir eine Auskunft
Die ihn einschließt – den Hoffnungsschimmer
Wir spielen mit Interpretationen und wenig Vernunft

Und finden das, was wir suchen in den alten Lehren
Ermutigt steuern wir es dann an – unser Ziel
Wir sind auf dem Weg, das große Wasser zu durchqueren
Fördernd ist Beharrlichkeit und ganz viel

Einsicht, Zuversicht und Weitblick
Für kurze Zeit verlieren wir Ungeduld und Hektik

Und tauchen ein in den Reichtum der Interpretationen
Bis wir sie gefunden haben, die Antworten, die sich lohnen
Ein wunderbarer Beistand! – oder Illusionen?

Solange

In der Umarmung des einen
An den anderen zu denken
Nicht nur nicht zu weinen
Sondern sich genussvoll nicht zu beschränken

Auf die wundervollen Vorzüge
Die jeder von beiden hat
Es wäre eine glatte Lüge
Zu sagen: den liebe ich mehr und anstatt

Jeden zu seiner Zeit zu genießen
Plage ich mich mit Überlegungen: wen, wann, wie
Befrage das Orakel und kann mich nicht entschließen
Obgleich ich weiß, die beiden Lieben übersteigen inzwischen meine Energie

Und so tu ich das, was man ebenfalls nicht macht
Ich vertraue auf die Schicksals-Macht
Die unterstütze ich mit meiner bescheidenen Kraft
Und mit Leidenschaft, die bekanntlich auch Lust verschafft

Und wenn es die *poder superior*[1] weiterhin gut mit mir meint
Bleiben sie mir erhalten – meine zwei Lieben
Und ich lebe mal im Norden, mal im Süden
Solange die höhere Fügung die beiden noch nicht vereint

Zu einer Himmelsrichtung die man Jenseits nennt
Denn dort, so sagt man, hat jede Erdenlust ein End.

---

[1] Höhere Macht (span.)

DAHEIM

Nicht im Herzen

Die Erinnerung hat eine heilende Kraft
Sobald ich mich wieder in ihr zurecht gefunden habe
Und das alte Haus neu gelebten Sinn schafft
Verlasse ich mich auf die Gabe

Schreibend Trost zu suchen
In meiner kleinen ver-dichteten Welt
Dann widerstehe ich den Lockrufen
Zu einer Wirklichkeit zurückzukehren, die ihre Ver-
   sprechungen nicht hält

Ziehe die erfabelte Welt vor
Und stimme ein in den Chor
der Glaubenswilligen und Phantasten
Wissenschaftsgläubig ist der Verstand
   – und der sitzt nicht im Herzen.

In den Monaten mit „r"

Unter der Rotbuche leuchten Vergissmeinicht
Brennesseln umranken sie
Die Natur – kunterbunt – vermischt
Farben und Formen wie

Es ihr gefällt – im Sonnenlicht
Was wir Unkraut nennen
Interessiert sie nicht
Und so schimmert Vergissmeinicht
Umgeben von samtig-glänzenden Brennesseln die nur in
    den Monaten mit „r" auch brennen.

Menschen-Gegenwart

Als Wildtaube niste ich im Garten in der Kiefer
Das Recht einer Nestbesetzung habe ich mir genommen
Durch die dichten Nadeln sehen die Menschen kaum mein
    grau-blaues Gefieder
Ich fühle mich sicher, bis in meine Höhe ist der Hecken-
    beschneider nicht gekommen

Mit den Spatzen in der Nachbar-Rotbuche
Lebt sich's gut – Seite an Seite
Auch gegen gelegentliche Katzenbesuche
Ist nichts einzuwenden, ich bin außer Reichweite

Nur die Menschen, die jetzt auch den Garten in Anspruch
    nehmen
Sind lästiger und unerfreulicher
Wenn sie nicht gerade im Pulk kämen
Wäre das schon beim Brüten entspannender

Auch als Nestbesetzer kann man Rücksicht erwarten
Schließlich sorge ich für die Erhaltung der Art
Und bin ein erfreulicher Anblick im Garten
Vielleicht gewöhne ich mich noch an die laute Menschen-
    Gegenwart

Spatzenlist

Die Spatzen zetern in der Rotbuche
Mein Besuch stört ihre Kreise
Wenn ich mir einen anderen Schattenplatz suche
Seid ihr dann, wie die Wildtaube, leise?

Ihr Spektakel ist wie zu laute Musik
Um die Schlafplätze wird erst am Abend diskutiert
Die derzeitige Debatte klingt eher lustig
Dabei lassen sie weiße Häuflein fallen – völlig ungeniert

Was haltet ihr von einem Kompromiss:
Ich halte meine *siesta*[1] unter dem Fliederbaum
Ihr verzichtet auf List und Schiss
Und wir teilen uns so den Vorgarten-Raum?

---

[1] Mittagsruhe (span.)

Fast zum Greifen

Immer wieder erlebe ich sie
Immer wieder kann ich lachen
Mich über meine Verdrießlichkeit lustig machen
Vor allem während des Spatzen-Konzerts in der Früh

Dann baue ich – immer noch – Luftschlösser
Und sehe G. in einem lichtdurchfluteten Atelier-Raum
Das Seiltänzerbild an der Giebelwand – wie ein Traum
Eine Tänzerin balanciert selbstsicher – ihr Schatten (auf
    der gegenüberliegenden Wand) wird immer größer

Und verbannt die Schreckgespenster
Die die Flucht ergreifen
Mit dem leuchtenden Rot der Buche vor dem Kinderzimmer-
    Fenster
Ist Zuversicht nahe – fast zum Greifen.

Nicht auf der Suche

Üppig ist eines der Lieblingsworte meiner Freundin
Inzwischen ist es auch in meinen Sprachgebrauch
    eingegangen
Üppig ist lautmalerisch – eine Ausschmückerin
Barocke Formen lassen sich damit einfangen

Heute, am Glückstag, gibt es ein üppiges Mahl
Der Duft durchzieht mein altes Haus
Nach langer Zeit und wieder einmal
Gehen viele Gäste ein und aus

Die Spatzen schnattern wieder in den Hecken
Sonnenstrahlen schwirren unter der Rotbuche
Frühlingsgezwitscher in allen Ecken
Zu Hause sein – nicht auf der Suche.

Der Wind, der Wind

Windräder sind jetzt Teil der Landschaft geworden
Sie gleichen in der Dämmerung
Dinosauriern auf Wanderung zu zugigen Orten
Lautlos verbreiten sie statt Schrecken Hoffnung

Wie selbstverständlich nehmen wir Narturgeschenke hin
Wie wenig dankbar wir doch sind
Es sei denn ein Kindervers kommt uns in den Sinn:
Der Wind, der Wind, das himmlische Kind...

In der neuen Zuversicht

Immer wieder verwandelt das alte Haus
Gefühle in Gedanken
Sie segeln aus den Kindheits-Bildern hinaus
Und landen
In der neuen Zuversicht
die selbst mitten in der Nacht
wenn die Straßenlaterne längst verloschen ist
ausharrt und wacht.

Wunder

Poesie heilt
Wenn aus dunklen Geschichten Märchen entstehen
Und die Sehnsucht bei Zuversicht verweilt
Geschehen
Kleine Wunder, die es immer gibt
Sie als wunderbar zu erleben
Gelingt nur dem, der liebt.

Ein Tag wie gemalt

Die Äpfel des Baumes dicht und bunt
Sind wie die sprichwörtlich gebratenen Tauben
Sie flattern mir in den offenen Mund
Ich schließe die Augen

Es raschelt und summt im Nachmittagslicht
Ein Sommersonnentag wie gemalt
In diesem verwilderten Kindheitsgarten denke ich:
Hier bin ich gleichzeitig jung und alt.

Die Rotbuche

Fällen oder nicht fällen war in jedem Jahr die Frage
Inzwischen überragte sie Haus und Garten
Prächtig, bunt im Herbst und schon früh am Tage
Schwatzen die Spatzen und hatten

Sie als Schlafbaum erwählt
Beschneiden wurde zu einer gefährlichen Aktion
Wieder wurde der Baumkenner bestellt
Es muss sein, meinte er lapidar, wie im letzten Jahr schon

Und in einer Stunde war nicht mehr da
Was in 30 Jahren gewachsen war.

In eine andere Zeit

Nichts ist wie es einmal war – seit langer Zeit
Schützt die dichte unsichtbare Trauerhecke
Vor Anteilnahme und Mitleid
Beides bietet weder Hilfe noch Schutz auf der Lebensstrecke
In eine andere Zeit
Von außen gesehen sieht alles aus wie es sich gehört
Die unauslöschbaren Spuren von Trauer und Leid
Sind da eingeschlossen, wo es die Umwelt nicht stört.

Schutz-Geister

Wieder einmal habe ich mich in den Ruinen des es-
 war-einmal verirrt
Ich wandere umher – unbeirrt

Verweile ich an den alten Lieblingsplätzen
Immer noch kann ich mich ihrer Anziehungsmacht nicht
 widersetzen

Dann verliere ich mich in dem Anblick der alten Mauern
In ihren Schutzräumen kenne ich mich aus
Auch wenn Nachtgespenster in bestimmten Verstecken lauern
Ich nenne sie jetzt Schutzgeister, denn beschützt fühle
 ich mich im es-war-einmal, in meinem alten Haus.

Die gibt es nicht mehr

Eine Zeichnung in Worten
Wort-Hilfen als Ablenkung ausprobieren
Unabhängig von Orten
Nur den Stift führen

Und spüren: Sie lässt sich mit Farben versehen
Die Stimmung und so neu betrachten
Wie im Weitergehen
Abschiednehmend beachten

Trauer in Verwundern verwandeln
Der Platz wo sie stand ist leer
Doch die Sonne kann ihn in ein Blumenbeet verwandeln
Nur die alte Rotbuche – die gibt es nicht mehr.

DAHEIM

Ein anderes als ein Landleben wagen

Warum ich an Wunder glaube?
Der Glaube wurde mir in die Wiege gelegt
In einem alten Klosterhof unter einer Gaube
Meinte bei der Geburt eine Land-Fee – gut aufgelegt:

Dieses Kind wird einmal das Besondere seiner Heimat und
    ihrer Menschen ehren
Wie kann sie mir eine solche Aufgabe übertragen?
Schimpfte das störrische Kind, ich will Meere überqueren
Ein anderes als ein Landleben wagen

Da meinte die Fee weise – ohne zu ermahnen:
Das eine schließt das andere nicht aus
Dafür schenken dir deine Ahnen
Ihr wunderschönes Haus

Es zu deinem Zufluchtsort zu machen wird dir nicht immer
    gelingen
Aber die glücklichsten Zeiten deines Lebens, mein Kind
Die wirst du in seinem Schutz verbringen
In dem alle Träume von Heimat und Geborgenheit zu
    Hause sind.

Mitzuspielen und zu tanzen

Meine treue Weggefährtin, die Naivität
Stand mir wieder einmal wenig hilfreich zur Seite
Auf die späte Erkenntnis – ach hätt
Ich doch das Kleingedruckte durchgelesen meinte die
　Gescheite:

Ja, dann hättest du nicht die Ehre, in einer Lyrik-
　Anthologie zu erscheinen
Für ein einziges veröffentlichtes Gedicht hunderte von
　Euros zu zahlen
Ist eine kluge Verlags-Idee, und nur die Naiven meinen
Es ginge um ihre gelungene Ausdrucksform, dabei ist
　es ähnlich wie bei den Wahlen:

Man gibt seine Stimme ab, um teilzunehmen am
　großen Ganzen
Auch Dichter sind nur Menschen, die es lieben
　mitzuspielen und mitzutanzen.

Daheim

In erwünschten Orten und Zeiten

Ein Mensch sitzt manchmal wohlgelaunt
Und er stellt fest, das tut ihm gut

An seinem Traum-Platz unter Bäumen
Und fragt: wie ist das mit den Träumen

Man weiß nicht recht, sind sie real
Lebt man am Tage ganz banal

Als wären sie die Wirklichkeit
Und nächtens in der Dunkelheit

Fallen die täglichen Horrornachrichten
Auf den armen Schläfer um Träume zu vernichten

Da bleibt er doch lieber bei der alten Version
Am Tage Horror-Nachrichten, und nachts die Traum-Illusion:

Man säße in einer Eisenbahn und die Lebens-Landschaft
    würde vorübergleiten
Aussteigen würde man nur in erwünschten Orten und Zeiten.

Ziemlich allein

Der Nörgler hat es schon immer gewusst
Die ganze Welt um ihn herum
Ist unempfindlich und robust
So gar nicht wie er selbst – ein zart-besaitetes Individuum

Die Groben und Lauten sind allgegenwärtig
Mit sich selbst beschäftigt und ignorant
Nicht besonders empfindsam, zartfühlend, innig
Und ganz und gar nicht artverwandt

Und so muss sich der Nörgler immer wieder sagen
Wie bin ich selbst doch gefühlvoll und fein
Schmerzerprobt, ohne ganz zu verzagen
Leider bin ich auch ziemlich allein.

DAHEIM

Die Flotten und Mutigen

Sexy Alexi und sein Kumpan Varoufakis
Erfreuen Europa mit neuen Einfällen
Not macht erfinderisch
Und auf der Suche nach sprudelnden Euroquellen

Kann persönlicher Charme-Einsatz
Gemüter erhellen
Die auf der Lauer liegen
Um – wie der listige Spatz
Vor Raubvögeln davonzufliegen

Überleben bedeutet auch von den Tischen der Reicheren picken
Was so viel heißt wie die Flotten und Mutigen vorzuschicken.

Gewinnen

Durch einen Schicksalsschlag wird unser Leben
Manchmal in Bahnen gelenkt
Auf die wir uns freiwillig niemals begeben
Von Verzweiflung oder Mut getrieben hängt

Es dann an einem seiden Faden
Daraus ein Netz zu knüpfen – das zeigen uns die Spinnen
Ist ein Meisterwerk für Lebenskünstler und -akrobaten
Und mit ein wenig Glück können wir beim Spinnen
   gewinnen.

Malen und Dichten

Wenn wir auf einige Genüsse der Welt
Freiwillig oder notgedrungen verzichten
Wissen wir doch was uns ein Leben lang gefällt:
Malen und Dichten.

MARIANNE HARTWIG

Beim Namen nennen

Wenn Varoufakis die Euro-Bühne betritt
Und wieder einmal den Schal der Krawatte vorgezogen hat
Die Journalistenschar an ihm klebt auf Schritt und Tritt
Und alle lauern was sagt

Der denn heute
Wäre ein Marshal-Plan-Angebot
Schon hilfreicher neben der Meute
Von Sprach-Interpreten: wie? der droht

Auch noch und das mit Charme
Ja, wo sind wir Geldgeber denn
Auch andere sind arm
Aber wenigstens devot und schicken einen Gentleman

Und nicht einen der glaubt
Auch als Armer mittricksen zu können
Nur weil er die Praktiken der sogenannten Demokratien
    durchschaut
Darf er sie noch lange nicht beim Namen nennen.

Colotoumba

Einen Purzelbaum schlagen
Nennen die Griechen die Politik ihres Präsidenten
Griechischer Einfallsreichtum bescherte der Welt außer
    Demokratie die Tragödien und Sagen
Auch dieses Mal verblüfften ihre Fisimatenten

Selbst wenn den Euro-Club das Purzelbaum-Schlagen irritiert
Schaut man gebannt auf das Griechen-Drama
Auch Politikverdrossene sind von den beiden Haupt-
    Akteuren fasziniert
Begnadete Selbstdarsteller mit List und Ausdauer wie einst
    vor Troya

Was immer den Griechen ge- oder misslingt
Der Colotoumba ihres Präsidenten zwingt
Zu mächtigen Zugeständnissen
Zu Umdenken und Ärgernissen.

Demokratie

Als Frau Jemand einen Kompromiss machen sollte
Tat sie etwas was sie partout nicht wollte

Ich, ein Kompromiss, wo ich doch im Recht bin
Da macht doch nur auf-Recht-Bestehen Sinn

Und so bestand sie darauf
Nahm viel Ärger in Kauf

Ein Kompromiss ist das, was jeder kennt
Und wenn man nicht zufällig Tyrann ist, Demokratie nennt.

Zu vermeiden

Frau Jemand hatte immer wieder Liebhaber
Sie waren nicht lieb aber
Hatten Qualitäten, die Frau Jemand gefielen
Sie war anspruchsvoll, doch von den vielen
Angenehmen Seiten blieben zum Schluss nur Leiden

Die Konsequenz wäre vielleicht zuzeiten
Die Möglichkeit in Betracht zu ziehen, allein zu bleiben
Um Leiden zu vermeiden.

Hand in Hand

Wenn ich an unsere Zusammenarbeit denke
Fallen mir altmodische Redewendungen ein
Ein Herz und eine Seele zum Beispiel – wie Geschenke
Schlüpfen sie in meinen Alltag hinein

Da bleiben sie – einen lieben langen Tag
Machen froh und inspirieren mich
Was so eine Redensart alles vermag
Es sind die Wendungen, die verändern – buchstäblich

Eine, die ich heute fand:
Für unsere Zusammenarbeit: Hand in Hand.

DAHEIM

So schön wie Tanz

Ein Sommerregen vom feinsten
Pflanzen und Bäume räkeln sich
Dabei entstehen Düfte, Dunst und wir spüren den kleinsten
Wohligen Atemzug – die Katzen und ich
Schauen auf das Sommerregen-Vergnügen
Wir verzichten auf den Regentanz
Und betrachten das Naturgeschenk von den Terrassen-Liegen
Auch im Liegen ist dieses Vergnügen fast so schön wie Tanz.

Quantität

Mehr als ein Gedicht an einem Tag zu schreiben
Spricht sehr für die Vorliebe zur Quantität
Doch manchmal kann ich gerade die Tage nicht leiden
Die mir sagen: was zählt, ist Qualität

Und die erfordert Zeit und Geschick, an beiden mangelt es sehr
Trotzdem habe ich Lust am Reimen
Da muss dann eben die Quantität her
Gefällt die keinem?

Schicksals-Gunstbeweise

Der Hunsrück ist die Heimat
Die Insel meine Welt
Zuhause zu sein in beiden ist wie ein Spagat
Einer, der mir immer wieder gefällt

Meine Katzen erwarten mich
Alles ist wie immer
Ein Blumenstrauß steht auf dem Tisch
Und hinter der *casita*[1] ein letzter Schimmer

Von Sonnenuntergang
Zwei Mal daheim, ich versuche mich dankbar zu erweisen
Für den immer neuen Anfang
Denn über Nacht kann es vorbei sein – mit den Schicksals-
    Gunstbeweisen.

---

[1] Häuschen (span.)

Insel-Limmericks

Blindensprache

Glücksspiele sind nicht jedermanns Sache
Viel Spiel und wenig Sprache

Sobald sie eine Sucht sind
Machen sie blind
Da hilft dann auch keine Blindensprache

Wie es einmal war

In Worte lässt sich gut flüchten
Sympathisanten nennen es dichten

Papier ist geduldig und recykelt – keine Gefahr
Für den Regenwald, außerdem bezahlbar

Doch auch flüchten und dichten ist keinesfalls so
erstrebenswert wie es einmal war.

Sich trauen

Auf einen Felsen lässt sich nicht nur eine Kirche bauen
Ein Fels in der Brandung setzt Vertrauen

Voraus – und was ist eine Insel mehr
Als Vertrauen, umspült von Meer

Man muss sich natürlich auch trauen.

Integer

Herr Jeder hat viele Klagen
Es sind immer die anderen, die es wagen

Seinen Frieden zu stören
Er kann sich nicht wehren

Meint Herr Jeder und fühlt sich integer.

Gesellen

Menschen auf die Geduldsprobe zu stellen
Wäre in vielen Fällen

Bei Bestehen ein ziemlich gutes Zeichen
Geduldige gehen selten über Leichen

Doch sind sie auch in nicht-Ausnahmefällen hilfreiche Gesellen?

Macken

Ein jeder hat so seine Macken
Leider sind Macken nicht wie Nüsse zu knacken

Ob man den Kern mag, wenn die Mackenschale ab ist
Ist allerdings ungewiss

Also Vorsicht beim Erfinden von Nussknackern für Macken.

Insel Limmericks

Für Strolche

Die Insel lockt ziemlich viele Strolche
Man erkennt sie nicht gleich als solche

Sie mogeln und tricksen
Auch wenn sie nicht fixen

Wäre ein Ortswechsel ratsam für Strolche.

Blumenkinder

In den vielen versteckten Buchten
Lässt sich finden was schon viele suchten

Doch im Laufe der Zeit
Ist es leider so weit

Dass verschwunden ist, was die Blumenkinder suchten.

Nicht wagen

Es gibt Menschen, die können nur klagen
Sie erinnern an Frösche die quaken

Vielleicht ist der Ton
Nur so monoton

Weil sie Lustschreie nicht wagen.

Diese Gene

Vielleicht gibt es ja Nörgler-Gene
Und nörgeln vererbt sich wie Migräne

Ratsam ist es Nörgler zu meiden
Auch wenn sie sehr leiden

Denn sie verleiden einem das Leben – diese Gene.

Chamäleon

Es war einmal ein Chamäleon
Dem liefen all seine Kinder davon

Sie waren es leid
Dass Mama in ständig neuem Kleid

Behauptete, durch Anpassung käme man mit dem Leben davon.

Seitensprung

Unsinn ist Befreiung
Unsinn wagt den Sprung

In den Wider-Sinn
Und bleibt doch weiterhin

Nur ein Seitensprung.

Gewissen

Ein jeder hat ein Gewissen
Auch die, die meinen sie wären zu gerissen

Um auf das Gewissen zu hören
Es ist nur ihre Angst, nicht mehr dazu zu gehören

Zu den Gerissenen mit dem verloren gegangenen Gewissen.

Unverzichtbar

Frau Jemand findet in jeder Suppe ein Haar
Auch wenn der Koch glatzköpfig war

Ist es da, das Haar und erregt Ekel
Manchmal war der auch zuerst da – prinzipiell

Dann ist das Haar in der Suppe unverzichtbar.

Nachbar

Konflikte sind unvermeidbar
Einsichten, die dazu führen dagegen rar

Und so übt der Kluge beizeiten
Fehden zu meiden

Was ihm nicht gelingt bei einem konfliktfreudigen Nachbar.

Den Unterschied begreifen

Zwischen Selbstvertrauen und Arroganz ist nur ein schmaler Streifen
Für Nicht-Arrogante leicht zu begreifen

Daher sind Kandidaten so lange zu meiden
Bis sie zu gegebenen Zeiten

Den Unterschied begreifen.

Richtiger

Ein jeder hat viele Gesichter
Das passende zu zeigen ist wichtiger

Als nur mit dem Einen
Die Umwelt zu langweilen

Und zu meinen, das eine Feine zu zeigen wäre richtiger.

Übertreiben

Ein jeder ist auch gierig
Die, die meinen nicht gierig zu sein sind heilig

Und weil es zu Lebzeiten keine Heiligsprechung gibt
Ist es besser man übt

Beizeiten, das Habgier-Limit nicht zu übertreiben.

INSEL LIMMERICKS

Erleuchtung

Einem Guru in Sta. Inés bescherten Sinn-Suchende und Epheben
Dank großzügiger Spenden ein geruhsames Inselleben

Doch sie konnten keine Erleuchtung finden
Und pilgerten lieber wieder nach Indien

Da musste der lebenskluge Guru seine schöne *finca* wieder aufgeben.

Einfälle

Von den Lebenskünstlern aus aller Welt
Gibt es viele auf der Insel mit wenig Geld

Sie haben prächtige Einfälle
Erfolgversprechend auf die Schnelle

Bis keiner mehr auf sie hereinfällt.

Eigenbedarf

Graf Koks war einer von ihnen
Als *dealer* gab es viel zu verdienen

Bis der Eigenbedarf die Einnahmen überstieg
Und bei dem cleveren *dealer-freak*

Betrogene mit der *Guardia Civil* erschienen.

Graf Koks

GRAF KOKS

Wie häufiger schon

Zur wunderbaren Euro-Vermehrung hatte sich Graf
    Koks eine kluge Geldanlage ausgedacht
Die unterbreitete er willigen Investoren, die haben ihn gar
    nicht ausgelacht

Sondern investierten, sie fanden seine Idee bemerkenswert
Drei Monate lang, das hatte sich schon bei Mietzahlungen
    bewährt

Erstattete er den vereinbarten Betrag
Schließlich hatte man einen juristisch abgesicherten Vertrag

Doch dann blieben die Euros aus
Ebenfalls die Miete im adretten finca-Haus

Und so wiederholte sich das Spiel der Advokaten
Doch dieses Mal hat der Seinige ihm wohl geraten

Sich nach einem anderen Wirkungsfeld umzusehen
Und sich an größeren Stränden zu ergehen

In seiner Lieblingsbar am Meer
Sieht man ihn nicht mehr

Im Kreis der Betroffenen kursiert die Information
Die längst fällige Gerichtsverhandlung wäre wieder in
    weite Ferne gerückt – wie häufiger schon.

Im Tanga am Pool

Graf Koks am Pool ist wieder einmal
Beglückt von seinem Eigen-Potential
Das seinem Namen alle Ehre macht
Jedoch die große Macht der „weißen Pracht"

Scheint in ihrer Dauer doch begrenzt zu sein
Immer schneller ist der Erste des Monats und kein
Noch so großer Vorrat an Schnee ist unerschöpflich
Und eigentlich und letzt- und endlich

Ist auch für einen begnadeten Trickser
Die Zahl der Auszutricksenden – oh nein keine Fixer –
Beschränkt
Und Graf Koks denkt

Nicht an so etwas Profanes wie Miete-Zahlen
Das machte er nur einmal ein wenig im voraus, damit
    war zu prahlen
Miete zahlen für ein Haus mit Mängeln
Sei nicht seine Art – schließlich gäbe es Engel

Oder sonstige Wesen in seinem Wirkungskreis nur als
    Karikatur
Solange man an der Macht sei
Muss der Graf gedacht haben – nur
Ein Insel-Ferien-Paradies ist keine Wüstenei

Und so ging es Graf Koks langsam an den Kragen
Noch spazierte er im Tanga am Pool – dank Koks sorgenfrei
Und vor der *finca* standen dicke Wagen.

GRAF KOKS

Sein Ruf

Graf Koks verfolgte mit Kennerblick
Bikini-Schönheiten und lässt seinen Charme spielen
Janina weiß, der Typ hangelt von Trick zu Trick
Über seinen Tanga-Outfit und die vielen

Avancen macht sie sich – ebenso charmant – lustig
Sonnt sich auf dem Dreschplatz ungeniert und lacht
Graf Koks, dank zu hoher Dosis, verliert den Überblick
Jedenfalls wird ihm kokslos klar, dass eine Minderjährige
   sich über ihn lustig macht

Er sinnt auf Rache und hat eine gute Idee
Bei über 40 Grad im Schatten schaltet er uns im Holzhaus
– Der Sicherungskasten ist in seiner Näh –
Den Strom aus

Dem herbeigerufenen Elektriker präsentiert er sich charmant
Doch in Bars, *tiendas*[1] und bei *vecinos*[2] ist sein Ruf
bekannt.

---

[1] Laden, Geschäft (span.)
[2] Nachbarn (span.)

Noch

Graf Koks hat jemanden auf dem Gewissen
Und wie das so ist mit dem sanften Ruhekissen

Sobald man wieder die Augen aufschlägt
Ist die Ruhe dahin, ein Betrogener erwägt

All seine Rache dem Grafen zu widmen
Das kostet zwar Euros doch außerdem

Ist Rache süß, wie es heißt
Und Graf Koks bewegt sich auf hauchdünnem Eis

Der Schnee ist geschmolzen und mit weiterem scheint
Nicht zu rechnen zu sein, Graf Koks ist jetzt häufiger allein

Zu sehen, man sieht ihn jedoch
– noch.

GRAF KOKS

Bis er bricht

Graf Koks, offenbar auf der Höhe seiner Macht
Hat sich wieder ein schönes dummes Mädchen angelacht

Mit ihr sitzt er da
Wo er am liebsten sitzt – wieder auf einer finca

Inzwischen hat allerdings sein Lieblings-Feind
Nicht nur bittere Tränen geweint

Er hat auch einen Advokaten engagiert
Und nun geht es offenbar – dezidiert

Dem Grafen an den Kragen
Man darf getrost eine Prognose wagen

Alte Sprichwörter lügen nicht:
Der Krug geht so lange zum Brunnen bis er bricht.

Im Hamsterrad

Graf Koks hat Einfälle – erfinderische
Und glaubt, keiner käme ihm auf die Schliche

Mit vielen Tricks, die viel Zeit kosten
Versucht er seine erbosten

Ausgetricksten Kollegen
Mit ganz viel Schläue hereinzulegen

Und so dreht er sich immer schneller im Hamsterrad
Dem schlauen Hamster bleibt aussteigen nicht erspart.

Graf Koks

Tricksen

Graf Koks hat für alle Fälle
Gut vorgesorgt und auf die Schnelle

Sich viele Schlupflöcher ausgedacht
Das wäre ja nun doch gelacht

Wenn die schon lang erprobte Strategie
Nicht auch diesmal Erfolg hätte mit viel List und Energie

Ganz viel Geschick und noch mehr weißem Schnee
Weiter zu tricksen wie eh und je

Doch einmal kann immer auch das letzte Mal sein
Graf Koks sitzt jetzt nicht mehr im ‚Royalty', dafür im *carcel*[1]
   ein.

---
[1] Gefängnis (span.)

Entwischt

Graf Koks hat ganz offenbar
Ziemlich viel weißen Vorrat und folglich einiges in bar

Doch wie das bei Eigenverbrauch mit dem Vorrat so ist
Er schmilzt dahin – kein Schnee mehr, nur eine Galgenfrist

Und jede Menge Gläubiger im Nacken
Selbst die abhängige Freundin ist schon beim Packen

Da hat er noch einmal eine blendende Idee
Oder eine Zusatz-Lieferung Schnee?

Jedenfalls findet er einen pfiffigen Advokaten
Und der scheint Klein-Gräflein gut zu beraten

Die Tür des *carcels*[2] öffnet sich – vorübergehend
Und mit dem wiedererlangten Ausweisdokument
Entwischt er behend

---

[2] Gefängnis (span.)

Alphabetisches Verzeichnis der Titel

A

Aber 74
Allein 102
Alle wollen alt werden 90
Am Anfang 25
Am Meer 108
Anfangen 82
Angewiesen 30
Auf dem Weg zur Aussöhnung 53
Auf der Felsenklippe zu stehen 13
Auf dieser Welt 73
Auf eine neue Zeit 70
Aus all den Labyrinthen 47
Aus dem Trauer-Labyrinth 71

B

Beim Namen nennen 172
Besonnenheit 121
Bewunderungs-Bann 111
Bewusst 126
Bienvenido 116
Bis er bricht 197
Blindensprache 183
Blumenkinder 185
Böser Stein 29

C

Chamäleon 186
Colotoumba 173

D

Dann steht viel auf dem Spiel 66
Dass er spinnt 14
Das weiß doch jeder 141
Dazwischen 144
Demokratie 174
Demut 131
Den Unterschied begreifen 188
Der Galgen 34
Der Wind, der Wind 157
Die alte Kunde 55
Die eine malt, die andere schreibt 123
Die Flotten und Mutigen 169
Die gibt es nicht mehr 164
Die gute Matratz 24
Die Last 32
Die lästigen Sorgen 95
Die Rotbuche 161
Diese Gene 186
Die spinnt 28
Die Tafeln 33

E

Eben 101
Eigenbedarf 189
Ein anderes als ein Landleben wagen 165
Eine Anstrengung wert 26
Eine kurze Zeit der Geborgenheit 88
Einfälle 189
Ein Glücks-Fall 16
Ein Leben lang 146
Ein Massaker 65
Ein Mensch 27
Ein Schimmer von Glück 77
Ein Tag wie gemalt 160

Verzeichnis der Titel

Entwischt 200
Erleuchtung 189

F

Fabulieren 63
Fast zum Greifen 155
Freudlosigkeit 87
Für Strolche 185

G

Gefallen 122
Geister-Treffen 137
Gelassenheit 145
Gesellen 184
Gewinnen 170
Gewissen 187
Glücks-Magie 48
Glücksspiel 21
Glücks-Spieler 43
Grenzüberwindend 39
Gut aufgehoben 148

H

Hand in Hand 176
Hoffnungsschimmer 15
Homöopathie 20

I

Im Erinnerungsland 99
Im Hamsterrad 198
Immer schon 64
Improvisieren 18
Im Reinen 54
Im Tanga am Pool 194
Im Traum 94

In den Monaten mit „r" 152
In der Erinnerung 118
In der Früh 41
In der neuen Zuversicht 158
In diesem Augenblick 50, 128
In eine andere Zeit 162
In erwünschten Orten und Zeiten 167
Inselleben 97
Integer 184

J

Jenseits der Alpen 135

K

Kapitalanlage 140
Kein Happy End 110
Kennt ihn jemand 56
Kinderleicht 40

L

Lebenshilfe 109
Lebenskunst 78, 117
Leicht-mütig 92
Leiden 79
Leider 42
Lieber als die Menschen 57
Liebeserklärung an ein altes Haus 139
Liebesgedicht 61
List 96

M

Macht Freude 45
Macken 184
Malen und dichten 37
Malen und Dichten 171

Märchenerzählerinnen 62
Mehr 98
Mehr zu wagen 51
Menschen-Gegenwart 153
Mit den Jahren 36
Mitzuspielen und zu tanzen 166
Momente der Zuversicht 93
Mut 91
Mutwillig 130

N

Nachbar 187
Neu zu beginnen 136
Nicht auf der Suche 156
Nicht im Herzen 151
Nicht wagen 185
Nie 75
Noch 196
Noch eine kleine Weile 58
Noch nicht das Ende 147

O

Oder ein Gedicht 69
Oder ein Trick 84
Oder Illusionen 149
Ohne Gewinner oder Verlierer 124

P

Poesie-Therapie 83

Q

Quantität 178

R

Regenbogen 80

Rettungsring 68
Rettungsringe 46
Richtiger 188
Risikofreude 114
Rückzugsstrategie 81

S

Schadenfroh 19
Schicksals-Gunstbeweise 179
Schicksalsschlag 52
Schutz-Geister 163
Sein Ruf 195
Seitensprung 186
Sich trauen 183
Simple Erkenntnisse 85
Sinn für Gewinn 107
Sofort oder nie 113
Solange 150
So schön wie Tanz 177
Spargelzeit 31
Spatzenlist 154
Sturzflug 86

T

Tagträume 105
Teil des Ganzen zu sein 104
Traumdeuter 76
Tricksen 199
Trotz Umklammerung 143

U

Übertreiben 188
Unsinn im Sinn 12
Unvereinbar 138
Unverzichtbar 115, 187

V

Verdrießlich 49
Verführer 100
Vergangenheit 67
Verlorene Zeit 106
Vertrauensvoll zu sein 59
Viel Rabatz 72
Vom Fliegen 38

W

Wagen statt klagen 127
Weise 17
Weitergeben 44
Weit und breit 142
Wichtiger 22
Wie bisher 35
Wie der Wind 119
Wie es einmal war 183
Wie häufiger schon 193
Wie ich ihn liebe – diesen Zwang 112
Wie Salz im Meer 23
Wunder 159

Z

Zeitlich begrenzt 103
Ziemlich allein 168
Zu beneiden 89
Zu bestrafen 60
Zu entziehen 129
Zum Glück 125
Zusammenspiel 120
Zu vermeiden 175

Zur Autorin

Zur Autorin

Marianne Hartwig wurde im Hunsrück geboren und verbrachte dort ihre Kindheit und frühe Jugend.
Sie betätigte sich u.a. als Designerin, Antiquitätenhändlerin in London und Hamburg. Als Kunsthandwerkerin entwarf sie bildhafte, textile Arbeiten und präsentierte sie zehn Jahre lang auf der Internationalen Frankfurter Messe. Parallel war sie Mitbegründerin einer Hamburger Literaturgruppe und nahm an Lesungen teil, auch innerhalb des Hamburger „Literatrubel" in den 1980er Jahren.
Verheiratet, bis ihr Mann 2009 unerwartet starb, hat sie einen erwachsenen Sohn und lebt mit ihren Katzen vorwiegend auf Ibiza. Sie pendelt jedoch zwischen neuer und alter Heimat, dem Hunsrück, den sie ebenso liebt.
Seit mehr als 35 Jahren schreibt sie vor allem Gedichte und Erzählungen.

Bisher von ihr erschienen:

Wie Sand am Meer: Freud und Leid Gedichte (BoD, Norderstedt, 2009), 192 S., broschiert, ISBN: 9783839111604

Sucht und Sehnsucht: Mit dir und ohne dich (BoD, Norderstedt, 2010), 308 S., brochiert, ISBN: 9783842331402

Balanceakt: Nach der Zeit zu zweit (BoD, Norderstedt, 2011), 199 S., broschiert, ISBN: 9783842383005

Ein Hauch von Zuversicht (BoD, Norderstedt, 2012), 236 S., broschiert, ISBN: 9783848225712

Daheim: Eine ungereimte Kindheit (BoD, Norderstedt, 2014), 288 S., brochiert, ISBN: 9783735756305

Weniger, aber Meer: *Von der unerreichbaren Gelassenheit auf Ibiza* (BoD, Norderstedt, 2015), 240 S., brochiert, ISBN: 9783734771521